Wolfgang Schierlitz

Wie frau mit einem Bayern überleben kann

Wolfgang Schierlitz

Wie frau mit einem Bayern überleben kann

rosenheimer

Besuchen Sie uns im Internet:
www.rosenheimer.com

Titelillustration und Illustrationen im Innenteil:
Sebastian Schrank, München
Lektorat und Satz: Bernhard Edlmann Verlagsdienstleistungen, Raubling
Druck und Bindung: CPI books GmbH, Leck
Printed in Germany

ISBN 978-3-475-54528-3

Inhalt

Vorwort

Frauen und Männer passen nicht zueinander: Das ist bekannt. Bayern und Preußen sind sich ebenfalls nicht grün. Richtig kompliziert wird es, wenn gstandne bayerische Mannsbilder auf Zuagroaste des weiblichen Geschlechts treffen.

Wolfgang Schierlitz schildert diese Begegnungen mit seinem ausgeprägten Gespür für die skurrilen Momente des Alltags und mit dem für ihn typischen Wortwitz, der trotz Sarkasmus von großer Sympathie für seine Helden des Alltags geprägt ist.

Dabei zeigt sich: Männer und Frauen können nicht ohneeinander, Bayern und Preußen verbindet ebenfalls eine Hassliebe.

Deshalb ist dieses Buch sogar als kleiner Beziehungsratgeber zu verstehen: Hier lässt sich nachlesen, was Frau/Mann, Bayer/Preuß alles falsch machen können. Wobei die Erkenntnis reift: Gegensätze ziehen sich an. Wie langweilig wäre der Alltag, wenn alle gleich dächten, fühlten, lebten.

Wolfgang Schierlitz zeigt, wie abwechslungsreich, lustig oder spannend der Alltag sein kann, wenn Mann und Frau sich aufeinander einlassen, der Bayer und die Zuagroaste sich annähern.

Dann schreibt das Leben die Geschichten, die in diesem Buch zu lesen sind.

Heike Duczek

Eine Urlaubsliaison

»Sie sind doch sicher Bayer, oder?«

Mit dieser Frage kamen die beiden ins Gespräch.

Aber zunächst wollte er eigentlich seine Ruhe haben. Von seiner Schweinshaxe aufblickend, knurrte er: »Naa, i bin aus Oberammergau.«

»Können Sie dieses gewaltige Stück tatsächlich so ganz alleine aufessen?«, fragte sie verwundert.

»Semmelknödel und Sauerkraut san doch aa no dabei!«

»Eigentlich wollte ich Sie bitten, mir die umliegenden Berge zu erklären. Aber essen sie mal ruhig weiter.« Sie nippte am kleinen Hellen und streckte ihr Gesicht der wärmenden Herbstsonne entgegen.

Nach längerer Zeit – nur ein abgenagter Knochen ragte noch weit über den Tellerrand – kam er zurück auf ihre Frage:

»Die Berg' da drübn – die san bereits im Ausland.«

Sie zeigte sich überrascht. »Was heißt hier Ausland? Meinen Sie Österreich? Die sprechen doch auch Deutsch, oder?«

»Trotzdem Ausland.«

Aber so leicht war sie nicht zufriedenzustellen. Außerdem reizte sie seine ruppige Art. Noch dazu sah der Bursche in seiner ledernen Tracht ziemlich gut aus. Und – sie hatte Urlaub, wollte sich amüsieren.

»Darf ich Sie zu einem Getränk einladen? Ich heiße Heike, komme aus Buxtehude und möchte die Berge kennenlernen. Da sind Sie ja sicher als Einheimischer der richtige Mann, oder?«

Er bestellte sich eine Maß Bier und überlegte, ob er gesprächig werden sollte. Sie nahm ein weiteres kleines Helles. Weil sie aber recht hübsch und er seit einiger Zeit wieder alleinstehend war, nahm die Sache ihren logischen Lauf.

»Hartwiegl, Franz«, stellte er sich vor.

Schon bei der Talfahrt in der Bergbahn rückten die zwei näher zusammen, und er ließ sich dazu herab, nun doch die Berggipfel zu erklären, die langsam an den Panoramafenstern vorbeizogen. Auch die österreichischen. Jedenfalls diejenigen, die er namentlich kannte. Für einige andere erfand er einfach klangvolle Namen wie Glockenkogel, Bratschenkopf oder Singerspitze.

Sie war offensichtlich hell begeistert. Nicht nur von den Bergen, sondern auch von deren Namen. Glücklich teilte sie ihm mit: »Wie schön das passt! Ich bin nämlich Musikerin und spiele Bratsche im Philharmonischen Staatsorchester Hamburg.«

Und weil er selbst nicht gerade unmusikalisch war, hatten die beiden ein interessantes Thema gefunden. Leider trat er zunächst, wie man so sagt, in ein Fettnäpfchen, obwohl er sich ab sofort bemühte, einigermaßen hochdeutsch zu sprechen: »Da musst du aber lang warten, bis du in Hamburg gscheit aufspielen kannst! Eure komische Musikhalle, die Elbphilharmonie, wird anscheinend in dem Jahrhundert nimmer fertig!«

Da traf er einen wunden Punkt. Immer wieder war ja bisher die Eröffnung des Prestigebaus verschoben worden. Doch sie meinte zuversichtlich: »Ich lade dich trotzdem jetzt schon zum Eröffnungskonzert ein. Und stell dir vor: Unser großer Konzertsaal liegt in fünfzig Metern Höhe! Das ist einmalig! «

In der Talstation angekommen, vereinbarten die zwei ein sogenanntes Date im angesagten Eventgasthof »Zur alten Post«, und zwar in der Zirbenstube.

Pünktlich stolzierte sie in ihrem neu erworbenen, schmucken Dirndl in den voll besetzten, nach feinem Holz duftenden Raum. Wie gewohnt zog sie viele Blicke auf sich. Kaum war sie eingetreten, erklang – so registrierte sie erfreut – frisch jauchzende Zithermusik. Es war *Der Weg zum Herzen* von Georg Freundorfer.

Plötzlich sah sie ihn. Und zwar auf einem hölzernen Podest in der Ecke. Er grinste ihr zu und deutete unter virtuosem Spiel mit dem Kinn auf den Zweiertisch vor ihm, auf dem eine Flasche Riesling, ein ausladender Blumenstrauß und zwei Gläser warteten.

Die Überraschung war gelungen. Mit dem *Weg zum Herzen* hatte er eine norddeutsche Sehnsucht nach Alpenglück und Bergromantik geweckt. Freilich, als klassische Musikliebhaberin war ihr der gute Georg Freundorfer, seines Zeichens Zithervirtuose und Komponist, total unbekannt. Aber als der Franzl von der alten Schellackplatte, Marke Beka, anno 1927, aus seiner Sammlung schwärmte, war sie total hingerissen.

Es blieb natürlich nicht bei der ersten Flasche vom frischen Rheinriesling. Und zwischendurch erfüllten die schneidigen Zitherklänge, die der Franzl dem traditionellen Instrument entlockte, die romantische Zirbenstube mit ihrer einmaligen Akustik. Immer wieder gab es Beifall, oft fast tosend, und er konnte gar nicht genügend Zugaben aufspielen, auch nachdem die Zeit schon ziemlich weit fortgeschritten war.

Einmal geht aber auch der schönste Abend zu Ende. Der sogenannte Zapfenstreich war angebrochen. Die Leute verliefen sich nach und nach in den Dorfwegen.

»Wohin fallen wir jetzt?«, fragte sie vor dem Wirtshaus, dessen historische Fassade im Licht des Vollmonds romantisch erstrahlte.

Da war er überfragt. Aber gar nicht lange.

»Wir fallen uns in die Arme«, lachte sie.

Und so geschah es. Augenblicklich. Es währte lange. Wie heißt es doch so schön: Was lange währt, wird endlich gut!

Krisenerscheinungen, aber eingedämmt

Ist die Diskrepanz zwischen Feminin und Maskulin wirklich so gewaltig, wie die Feministin und Herausgeberin der Zeitschrift *Emma* immer wieder postuliert?

Vielleicht basiert das oft bessere Einfühlungsvermögen und intuitive Handeln von weiblichen Frauen darauf, dass das männliche Wesen hin und wieder zum Unwesen herabgesunken ist. Auch scheint männliches Agieren leichter durchschaubar zu sein als das differenziertere, gefühlvollere Verhalten der Frauen.

Vor allem wenn es um die tatkräftige Ausweitung von Konflikten und Krisen aller Art geht, hat fast immer der Mann, gut aufgerüstet, die Nase vorne. Die vollbeschäftigten Waffenschmieden senden ihre präzisen Produkte gerne in unruhige Gebiete, die befriedet werden müssen. Eine unverschämte, postwendende Antwort kommt dann als überraschender Flüchtlingsstrom zurück. Die Auswirkungen strömen schon bedenklich und Unheil bringend bis in die Keimzellen von Familien und Zweierbeziehungen hinein. Bewegungen entstehen, die auch nicht gerade weiterhelfen. Man kann die Leute aber als einheimische, minderbemittelte Patrioten auch nicht so einfach versenden, wohin auch immer.

Ein wahrer, nicht genannt werden wollender Philosoph bringt die Sache immer wieder auf den entscheidenden Punkt, aber damit auch nicht viel weiter: »Die Dualität aller Dinge schürt rücksichtslos Krisen herauf!«

Einfach zusammengefasst überlegte so ähnlich auch der Luck, ein Kind seiner gebirgigen, postkartenidyllischen Heimat. In einem Rehazentrum brachte er gerade viel Zeit mit, um über seine Problematik und eine überraschende Trennung von der Geliebten nachzudenken. Sie war plötzlich und unvorhersehbar aus seinem Gesichtskreis entschwunden.

Er kam aus Mittenwald, wo unter anderem klangvolle Geigen hergestellt werden. Intensiv, aber glücklicherweise nur kurz, tyrannisierte er schon als Kind seine aufgebrachte Nachbarschaft mit so einem wunderbaren Instrument. Er sägte und quietschte lautstark, wenn auch besinnlich und zuversichtlich, vor sich hin. Irgendwann verboten ihm das sogar seine wohlmeinenden Eltern.

Doch bald schon, als jugendlich-fortschrittlicher Heißsporn, sattelte er um in einen eigenartigen, seltenen Berufszweig. Als Bildhauer und Herrgottschnitzer erlangte er mit seinen sakralen Produkten rasch eine gewisse Berühmtheit in übersinnlich ausgerichteten Kreisen. Es waren einerseits Überarbeitung durch ständiges Schnitzen, andererseits die hoffentlich vorübergehende Trennung von seiner Geliebten, die ihn auf das Krankenlager und anschließend in eine Erholungsphase geworfen hatten.

Sie, die Antje, war aus einer entfernteren Region unseres Vaterlandes im guten, aber abweichenden Glauben zu ihm gestoßen. Sie schien zwar gesund zu sein, war aber nicht katholisch. Daraus entstand der Zankapfel, der letzten Endes für seine aktuelle Lage verantwortlich war.

Auch psychisch fühlte er sich momentan zunehmend überfordert. Eine richtiggehende Krise erfasste sein gesamtes Dasein. Und so war er nun zu Entscheidungen gezwungen, die er lange vor sich hergeschoben hatte.

Dabei besaß diese Frage vorläufig überhaupt fast keine Aktualität. Es ging nämlich um die Erziehung eines imaginären Kindes. Dieses war zwar geplant, aber noch lange nicht vorhanden. Er konnte seine regional überlieferte und über Generationen fest gefügte Religiosität nicht so einfach über Bord werfen. Auch wenn seine momentan abwesende Geliebte frank und frei postuliert hatte: »Es ist doch heutzutage völlig egal, ob ein Kind katholisch oder evangelisch geprägt werden soll. Hauptsache, es wird irgendwie geprägt. Deshalb möchte ich, dass unser Kind einmal im protestantischen Glauben erzogen wird, auch wenn ich selber heimlich dem Atheismus anhänge.«

Eigensinnig, wie er war, wollte der Luck das unbedingte Monopol seines befreundeten, aber ziemlich fundamentalistisch ausgerichteten Dorfpfarrers nicht aushebeln lassen. »Du kannst tausendmal behaupten, dass dein lieber Luther den wahren

Glauben erfunden hat. Aber mein Kind soll auch einmal ein katholisch geprägter Herrgottschnitzer werden. Ich weiß ja nicht einmal, ob es überhaupt evangelische Herrgottschnitzer gibt. Schließlich hängen doch hauptsächlich in sämtlichen katholischen Kirchen der Umgebung und sogar auswärts meine Bildwerke. Und das soll so weitergeführt werden.« Dabei setzte er ohne Überlegung voraus, ein männlicher Nachwuchs würde die Reihe seiner Ahnen fortsetzen. »Einen weiblichen Bildhauer gibt es nämlich im weiten Umkreis nicht, und ich könnte mir auch so einen nicht vorstellen«, verkündete er unversöhnlich.

Seinen bedeutenden, kernig-bayerischen Wahlspruch »Mir san mir!« übertrug er wie selbstverständlich auch auf seine männlich dominierten Vorstellungen und sein geliebtes Bayernland. Sogar seine Erwartung, die gute Antje würde als fleißige Biene ihren Beruf im Oratoriensängerfach aufgeben, zündete keinesfalls. Spöttisch meinte sie: »Den schönen Schiller-Vers ›Und drinnen waltet die züchtige Hausfrau‹ kannst du dir getrost und umgehend an den Nagel der Vergangenheit hängen.«

Mit Gedanken dieser Art hatte der Luck während der letzten, schicksalsschwangeren Monate im heilsamen Rehazentrum Tag und Nacht durchlebt. Er grübelte und zerbrach sich seinen Kopf regelmäßig aufs Neue. Weil aber selbst sein bisher gefestigtes Verhalten nach dem Prinzip »Lieber mit dem Kopf durch die Wand als nachgeben!« auf Dauer Zweifel in ihm hervorgerufen hatte, schaltete er allmählich etwas moderatere Gedankengänge ein.

Genau zu diesem Zeitpunkt wollte die frustrierte Antje doch einmal nachsehen, wie es ihrem strammen Herrgottschnitzer aus Oberammergau denn im Gesundheitszentrum so ginge. Sie hatte sich überraschend ermannt, nein, erfraut. Ein schon länger fälliger unverfänglicher Besuch war angekündigt.

Mit einem gewaltigen Strauß wohlriechender Rosen nebst Margeriten und langstieligen Trompetengewächsen bewehrt, war der etwas geläuterte Mann am Busbahnhof eingetroffen. Die kurze Verspätung nutzte er zu dem altbekannten Spiel: »Sie liebt mich, sie liebt mich nicht«, wobei er doch so manche der unschuldigen weißen Margeritenblütenblätter abzupfen musste. Als der Bus dann endlich auf der Bildfläche erschien, war keine einzige Margerite mehr vollständig im bunten Blumenstrauß vorhanden. Aber seine symbolische Tätigkeit war derart ausgegangen, dass sie ihn immer noch lieben würde.

Die heiß ersehnte Antje entstieg, gekleidet in geschmackvoll geblümtes Outfit, dem parkenden Fahrzeug. Der bunte Blumenstrauß harmonierte auch ohne Margeriten beachtlich dazu.

Und schnell stellte sich heraus: Sie hatte richtig gepokert. Wie ein eiliger Pfeil schoss der gute Herrgottschnitzer aus Oberammergau auf seine geliebte Protestantin zu. Und schon nahm er sie vorsichtig, aber nachdrücklich in seine kräftigen, handwerktrainierten Arme, als wollte er sie nie mehr loslassen, geschweige denn mit seinem Eigensinn überhäufen.

Glücklich hauchte sie etwas, was nur für seine weit offenen Ohren bestimmt war: »Und unser Kind wird doch evangelisch erzogen! Basta!«

Die erste Irritation

»Ich war beim Friseur. Leider hat es etwas länger gedauert. Da bin ich nicht mehr zum Kochen gekommen. Schließlich bin ich ja auch noch berufstätig. Hast du etwas zum Abendessen gefunden?«, ruft die erst kürzlich Verheiratete arglos in das Wohnzimmer hinüber.

Mürrisch erscheint der Gatte im Türrahmen. Flüchtig betrachtet er die lockere Frisur seiner Angetrauten: »Sieht aus, als ob du nicht drangekommen wärst!«

Beleidigt werkelt sie in der Küche und fühlt sich total unverstanden. Nach längerer Zeit – von ihm kommt keinerlei neues Lebenszeichen mehr, geschweige denn eine Entschuldigung – hält sie es nicht mehr aus. Sie registriert, wie ihr Ehegespons vor dem Fernseher sitzt. »Hast du mir nichts zu sagen?«

Konsterniert blickt er auf: »Freilich. Siehst du nicht, dass unser FC Bayern gerade einen ganz schwierigen Gegner bezwingen muss?«

Was er noch nicht begriffen hat: Für sein liebes Weibchen ist Fußball die unwichtigste und langweiligste Nebensache der Welt. Um die Problematik nicht schlimmer werden zu lassen, sagt sie aber lieber nichts. Sie überlegt jedoch sofort, wie sie das formulieren könnte. Also gibt sie sich interessiert: »Ist der schwarze Mann, der da immer so mitläuft, auch vom FC Bayern?«

Er würdigt sie keines Blickes mehr und holt die dritte Flasche Bier aus dem Kühlschrank. Er will nicht zulassen, dass seine geliebten Gewohnheiten aus der Junggesellenzeit in Gefahr geraten. Dann schreit er unvermittelt: »Foul, Foul, Foul, du gemeiner Sack! Elfmeter!«

Sie erschrickt bis ins Mark. Händeringend folgt darauf ihrerseits ein schwacher Versuch, seine Aufmerksamkeit wieder zu erringen: »Kannst du nicht einmal den blöden Fernseher ausschalten, wenn wir uns dringend unterhalten müssen!«

Für ihn ist sie zurzeit überhaupt nicht vorhanden. Es gibt nur noch den Bildschirm und die spannendste Sache der Welt. Logischerweise! Es ist die wahnsinnige, nervenzerfetzende, sich endlos dehnende Sekunde vor einem Elfmeter. Der gegnerische Torwart, ein Meister seines Faches, hebt locker und entspannt die Arme. Er springt leichten Fußes ein paarmal hin und her und grinst unverschämt. Will er den Schützen aus der Fassung bringen?

Ältere Jahrgänge sind – wie jeder weiß – in dieser Situation enorm stark herzanfallgefährdet. Glücklicherweise ist der Ehemann aber nicht nur ein junger, durchtrainierter Sportler, sondern war selber erfolgreich auf dem Fußballfeld zugange. Einmal hatte er sogar ein Tor geschossen und damit den Aufstieg von der untersten Klasse in die auch noch recht niedrige, aber immerhin nächsthöhere Liga bewirkt. Daher rast zwar sein Puls leidenschaftlich, und die erhobene Bierflasche stagniert während der ganzen, aufreibenden Szene in der Luft. Aber es zeigen sich keinerlei Symptome eines Infarktes.

Und gleich darauf: Der gesamte Aufruhr fällt in sich zusammen. Die Bierflasche sinkt: »Latte! So ein Versager! Ich habe immer schon gesagt, ihr sollt diesen Mann herausnehmen! Dem kann man doch nicht so eine entscheidende Aufgabe anvertrauen. Und der dämliche Trainer sitzt auf der Bank und tut, als ob er nicht dazugehören würde. Dieser eitle, selbstgefällige, aufgeblasene Torwart hat doch nur Glück gehabt. Aber Allüren zeigen, als ob er mit seiner Geschicklichkeit den Treffer verhindert hätte! Wir können doch nicht ohne Tor in die Pause gehen!«

Das ist allerdings dem Schiedsrichter völlig egal. Der schwarze Mann pfeift die erste Halbzeit ab.

Die Gattin ist tief getroffen und schon beinahe aus dem Zimmer, da ruft er versöhnlich: »Du wolltest doch etwas sagen. Ich kann ja nicht mitten unter einem so wichtigen Spiel auf deine Empfindlichkeiten eingehen. Also: Wo drückt der Schuh?«

Er ist sich keinerlei Schuld bewusst und öffnet die vierte Flasche. Leider dauert es aber etwas, bis die schwer Beleidigte sich gesammelt hat und überhaupt wieder Worte finden kann.

Der Fernseher läuft weiter. Ein Affe, der angeblich singen kann, erscheint kurz in den Tagesnachrichten aus aller Welt. »Ein Verwandter von dir?«, meint sie beiläufig, aber bösartig.

Er weiß es besser: »Nein, dein persönlicher Vorfahre!«

Und schon beginnt die zweite Halbzeit. Schnell, bevor der Anstoß erfolgt, sagt er noch gönnerhaft: »Jetzt setz dich her und genieße auch einmal so ein spannendes Spiel. Da kannst du doch dagegen deine dämlichen Krimifilme in der Pfeife rauchen.«

Obgleich sie sich schon wieder ungerecht getroffen fühlt, gibt sie sich für diesmal diplomatisch. So etwas hatte ihr Vater bei Beziehungsstreitigkeiten zu Hause immer gepredigt. Der war im Ausland tätig als Diplomat und Gesandter – wenn auch meist als kein besonders geschickter Gesandter. Jedenfalls in familiärer Hinsicht. Das behauptete wenigstens ihre Mutter.

Die Tochter will es nun besser machen und setzt sich dazu, auch wenn ihr das ganze Fußballtheater recht sinnlos erscheint. Sie kann auch keineswegs begreifen, wieso ihr guter Mann am Ende des Spieles niedergeschlagen und den Tränen nahe jammert: »Die zweite Niederlage in Folge. Und der beste Mann sitzt tatenlos bis zum Schluss auf der Wartebank. Der Trainer gehört doch auf den Mond geschossen!« Er muss jetzt unbedingt noch eine Flasche Bier öffnen. Eigentlich wollte er damit den Sieg feiern.

Es dauert lange, bis er wieder zu sich und in die Gegenwart findet. Kraftlos starrt er ins Leere. Allmählich dämmert ihm aber doch, dass er jetzt sehr vorsichtig sein muss. Langsam registriert der gute Mann wieder, dass er nicht alleine dahockt. Treuherzig schaut er in ihr beleidigtes Gesicht. Er ahnt: Wenn er jetzt noch etwas sagt, gleich was, beginnt irgendeine sinnlose Problematik, die er nicht begreift, von Neuem.

Er denkt an die Worte seines erfahrenen Vaters. Kurz vor der Hochzeit schärfte der ihm ein: »Widersprich nie deiner Frau. Warte ab, und sie widerspricht sich meistens bald selber. Du musst jetzt tapfer sein. Die Nähe, die du gesucht hast, kann ganz schön anstrengend werden. Das weiß ich aus Erfahrung. Nach über 25 Jahren Ehe stehen wir, deine Mutter und ich, uns so nahe, dass ich hin und wieder sogar Platzangst bekomme. Prompt haben wir uns zur Silberhochzeit beinahe auseinandergestritten. Du musst zwar unbedingt deine Rechte wahren und durchsetzen, aber dabei ruhig und diplomatisch agieren. Noch heute gehe ich manchmal locker samstags fort und komme erst sonntags fröhlich nach Hause. Das schafft sonst wahrscheinlich niemand, der so lange unter Ehevertrag steht.«

Gleich darauf, als er immer noch traurig, nachdenklich und unsicher in die Gegend blickt: Unverhofft und spontan umarmt ihn plötzlich seine kürzlich Angetraute. Mit feuchten Augen meint sie entschuldigend: »Der Affe aus dem Fernseher kann gar nicht dein Verwandter sein. Du singst manchmal viel besser. Aber! Beim nächsten Mal musst du einen spannenden Krimi mit mir ansehen. Versprochen?«

Gefahren des Testosterons

Dieses Mal kam Manfred mit mittelschweren Verletzungen davon: Lediglich drei Wochen Unfallklinik – Weihnachten musste die junge Frau mit den beiden Kleinkindern alleine feiern. Als unverbesserlichen Draufgänger hatte es ihn beim waghalsigen Skidriven im Steilhang abseits der Pisten erwischt.

Kleinlaut, aber trotzig meinte er: »Plötzlich war da ein Baum, den ich in der Eile übersehen hatte, und schon flog ich dagegen. Gut, dass ich einen Helm trug.«

Es dauerte länger, bis er sich, halb erfroren, aus der Schneeumklammerung befreien konnte und ein Hilferuf – mithilfe seines praktischen iPhones – in den Äther gelangte. Gut auch, dass der Hubschrauber schon vor längerer Zeit erfunden worden war.

In der Unfallklinik wurde er als lieber Bekannter herzlich begrüßt. Offensichtlich hatte sein Hauptbereich keinen größeren Schaden genommen, lediglich ein schweres Schädelbrummen hatte sich eingestellt.

Es verschwand aber glücklicherweise schon nach drei Tagen.

Eigentlich war Manfred ja ein Sportler durch und durch, ein exzellenter Skifahrer, wenn auch ein verrückter. Wahrscheinlich war da wieder einmal zu viel Testosteron im Spiel, wie der operierende Chefarzt schmunzelnd meinte:

»Aus meiner Erfahrung entstehen durch überbordende Männlichkeit oft Verletzungen. Bei den umsichtigeren Frauen haben wir solche Phänomene viel seltener. Ein Mann, also auch der Bayer, ist offensichtlich, von der Evolution her gesehen, auf einer früheren Stufe stehen geblieben. In der Steinzeit musste der echte Mann ja täglich seine körperliche Fitness durch kühnen kämpferischen Einsatz beweisen. Dagegen erweist sich heute die Natur als ungerecht und bedenklich, weil sich die entsprechenden maskulinen Gene immer noch in den Vordergrund drängen, obwohl sie, rein wissenschaftlich betrachtet, nicht mehr gebraucht werden. Hoffentlich entsteht da nicht ein Problem auch in geistiger Hinsicht, wie es sich jetzt schon in der Kriegsbesessenheit, überwiegend bei Männern, abzeichnet.«

Es war ja nicht das erste Mal, dass sich der Bursche unter dem schneidigen Messer des versierten Fachmannes befand. Die langjährige Erfahrung des Spezialisten, so erklärte der Mann in Weiß weiter, zeige immer wieder die Wahrheit des Spruches: »Aus Schaden klug zu werden, ist nicht jedermanns Sache!«

Die Sportsfreunde des tapferen Draufgängers kannten dessen gut entwickelten Hang zu immer waghalsigeren, abwegigen Glanzleistungen auf dem Gebiet der Körperertüchtigung teilweise auch aus eigener Erfahrung. Vielleicht spielte sogar etwas wie Bewunderung oder Eifersucht mit, als sein bester Bergkamerad bei einem Besuch am Krankenlager wohlmeinend warnte: »Du kannst doch nicht den ganzen Wald abholzen, wenn du im Overdrive und in irrsinnigem Speed dein tolles Können am Steilhang im Tiefschnee testen musst! Wir Naturschützer sprechen in solchen Zusammenhängen von einem Flurschaden im Gebirge, und der Wald und das Wild sollen doch, wenigstens im Winter, ihre Ruhe haben.«

Karla, die kürzlich Angetraute des furchtlosen Variantenfahrers, verließ damals für ihn ihre nördlichen Gefilde und das Flachland der norddeutschen Tiefebene. Eigentlich hatte sie den bodenständigen Bayern zuerst als ruhigen, humorigen und zuverlässigen Beschützer auf dem Oktoberfest kennen- und lieben gelernt. Auf dem Fest aller Bierfeste war sie durch Trachten tragende, schwer angetrunkene Burschen in Kalamitäten geraten. Sie bedrängten das hübsche, vielversprechende, unbeschwerte Mädel dahingehend, dass ihnen das reine Anschauen nicht mehr genüge. Da nützte es auch nichts, dass sie, mit einem Dirndl verkleidet, als Einheimische gelten wollte. Manfred schaffte damals das Kunststück, ihre Bedränger zum Rückzug zu veranlassen.

In ihrem neuen gemeinsamen Domizil, am romantischen Ammersee gelegen, waren die beiden unterschiedlichen Volksangehörigen dann sehr glücklich geworden. Zwei stramme, wenn auch noch momentan sehr junge Buben waren die stolzen Zeugen einer großen Liebe aus der nord-südlichen Verbindung.

Karla musste sich aber so nach und nach an einige Ausfälle ihres Angebeteten gewöhnen. Verwundert stellte sie nämlich fest, dass ein sonst meist gutmütiger, ausgeglichener Bayer auch ganz andere Seiten besitzen kann. Wehe, wenn er losgelassen wird!

Schon im vergangenen Sommer hatte es ihn versehentlich stärker erwischt. Auf einem spannenden Motorcross-Trip in unwegsamer Gegend im abgelegenen, bergigen anatolischen Ausland konnte er bergab nicht mehr rechtzeitig bremsen. Als Folge blieb das flinke, schwere Motorrad stark verbogen mit Totalschaden liegen, nebst verwundertem, aber vor allem verwundetem, unglücklichem Fahrer.

Nun ist das im fernen Ausland meist so eine Sache. Die besorgten Ärzte behaupteten, er wäre nicht transportabel und müsste an Ort und Stelle operiert werden. Doch sie hatten nicht mit seiner resoluten Angetrauten gerechnet. Sofort mobilisierte die einen befreundeten Arzt und Knochenspezialisten, und beide erschienen umgehend im abgelegenen anatolischen Krankenhaus. Gegen den verzweifelten Versuch, einen zahlungskräftigen Patienten festzuhalten, wurde eine schonende Rückführung des angeschlagenen Sportlers organisiert. In der Heimat ging er zuversichtlich einer glücklichen Genesung entgegen.

Der mutige Driver konnte aber erst viel später wieder lachen, nachdem er die entsprechenden Operationen und Heilpläne absolviert hatte.

Nun lernte zwar seine liebe Frau bald, dass sie immer wieder einmal mit Ausfällen ihres Geliebten rechnen musste. Aber so ein Lernprozess braucht seine Zeit. Zwischendurch wuchsen die beiden Sprösslinge etwas heran. Bald schon sprach der Ältere einige Worte in bayerischer Mundart. Der Jüngere hörte erstaunt zu, konnte sich jedoch außer undefinierbarem Gebrabbel noch wenig artikulieren.

Weil Karla ihre Söhne davon abhalten wollte, in die gefährlichen Fußstapfen des Vaters zu treten, übte sie umgehend starken Einfluss bezüglich Vorsicht auf den Nachwuchs aus. Immer wieder beschwor sie die beiden: »Euer Papa ist leider etwas verrückt. Hoffentlich kann ich wenigstens euch vor todesmutigen Dummheiten bewahren!«

Doch der Größere zeigte schnell seine nahe Verwandtschaft zum lieben Vater dadurch, dass bereits seine ersten Versuche mit einem sogenannten Laufrad im Straßengraben endeten. Er hatte mit seinen kurzen, strammen Füßen und Wadeln viel zu viel Geschwindigkeit aufgenommen. Noch waren die Verletzungen recht gering.

Allmählich stellte sich eine leichte Verzweiflung bei der guten Frau ein. »Wie soll denn das weitergehen, wenn eure ungezügelte Männlichkeit ein Problem nach dem anderen heraufbeschwört? Kann man denn so eine fatale Vererbungslinie nicht unterbrechen?«

Während sie darüber noch nachdachte, war der Kleinere über das Gitter seines Ruhelagers geklettert und kopfüber im Legokasten des Bruders gelandet. Dieser war so überrascht, aber auch verärgert, dass er seinem lieben Nächsten eine Schramme am Kopf beibringen musste. Vom Arzt heimgekehrt und mit einem attraktiven Kopfverband ausgestattet, erschien der Malträtierte alsbald stolz wieder im Heim. Der Übeltäter wurde sogar neidisch auf die tolle Vermummung, noch dazu, weil sein Bruder lässig eine Spritzenkanüle als Trophäe und Spielzeug mitbekommen hatte.

Die gesamte Sache bekam dann jedoch abrupt ein anderes Gesicht. Die junge Mutter musste nämlich häufig zum Kaffeeklatsch in die nahe Hauptstadt driven, um Besuche bei ihren Freundinnen zu absolvieren – und zwar mit dem schweren Auto und stets sehr schnell. Dabei hatte sie es eines Tages mit der Geschwindigkeit etwas sehr übertrieben und trug dadurch bei einem Aufprallunfall mittelschwere Verletzungen davon. Was musste auch die gute Frau vor ihr auf der Überholspur im Schneckentempo dahindümpeln!

Anschließend überlegte die flotte Fahrerin, noch leicht im Narkosedelirium, ob sie vielleicht ihr verrückter Ehemann angesteckt haben könnte. Er war doch in der Familie der Spezialist für Unfälle jeglicher Art. In ihrem Clan zeigten sich die meisten männlichen Mitglieder weniger draufgängerisch. Lediglich der Großvater hatte als dickschädliger Rabauke eine gewisse Berühmtheit erlangt. Im Prozess wegen Körperverletzung obsiegte er aber. Und der Bruder, als leidenschaftlicher Segler, war in Ausübung seines Hobbys vom Großbaum überraschend am Hinterkopf getroffen worden. Er erlangte aber schon nach zehn Minuten sein Bewusstsein wieder.

Jetzt war es an ihm, nämlich an Manfred, ihrem lieben Angetrauten, eine ganz andere Seite bezüglich Kindererziehung und verantwortungsvoller Einstellung zum Überleben der Familie aufzuzeigen. Er konnte nun nicht mehr nur aus der Ferne oder vom Krankenlager aus seine Ratschläge für eine zeitgemäße Behandlung des Nachwuchses übermitteln. Der längere Heilungsaufenthalt der flotten Mutter im Rehabilitationszentrum zwang ihn, zumindest vorübergehend in die Rolle des besorgten alleinerziehenden Ehemannes zu schlüpfen.

Es dauerte aber gar nicht so lange, und schon wurde aus dem unfallträchtigen Saulus ein übervorsichtiger Paulus. Penibel wie eine Glucke ihre Bieberl bemutternd, nein bevaternd, beaufsichtigte Manfred die beiden doch recht übermütigen Burschen. Am liebsten hätte er sie an eine kurze Leine genommen, wenn sie außer Haus den Gefahren des Alltags gegenüberstanden. Alltägliche Probleme wie aufgeschürfte Knie oder eine harmlose Beule am Kopf ließen sich aber trotzdem so gut wie selten vermeiden.

Romantisch und wehmütig dachte Manfred versunken zurück an seine eigene Kindheit und Jugend. Schon in recht jungen Jahren stellten sich auch bei ihm immer wieder Schürfwunden, Verbrennungen und Verstauchungen sowie Stürze aller Art ein. So, sinnierte er nostalgisch, wiederholt sich die Familiengeschichte des wahren, aufrechten, starken Mannes. Er hatte ja bei seiner Berufswahl auch ernsthaft daran gedacht, ein berühmter Stuntman zu werden. Gleichzeitig hörte er jedoch zum ersten Mal in seinem bewegten Leben eine innere Stimme, die leise warnte: »Dummer Hirsch, genügen dir deine körperlichen und geistigen Ausfälle immer noch nicht?«

Und so kam es, dass er doch noch rechtzeitig zwischen Körperertüchtigung und masochistischer, kühner Zerstörungswut unterscheiden lernte.

Erst beim nächsten Weihnachtsfest war dann die gesamte Familie wieder glücklich und weitgehend unversehrt vereint. Unter dem strahlenden Lamettabaum und nachdenklich tauschten die immer noch Genesenden ihre grandiosen Erlebnisse und Verletzungsgeschichten aus. Da war nun wirklich reichlich Gesprächsstoff vorhanden, vor allem vonseiten des Familienoberhauptes. Die Buben hörten munter und verständnisvoll zu, wobei der ältere umgehend an einer brennenden Kerze Schaden nahm. Er wollte und wollte einfach nicht glauben, dass so ein Feuer für die menschliche Haut nicht gerade bekömmlich ist, obwohl er mehrfach gewarnt worden war. Vielleicht hielt er sich jedoch wider besseres Wissen für feuerfest. Und der Kleine hatte sich versehentlich auf einen Kaktus, der zur Zierde unter dem Christbaum stand, niedergelassen. Mit Stacheln im Hinterteil zeigte er sich äußerst stimmgewaltig und lebendig.

Geht Liebe durch den Magen?

Noch vor gar nicht allzu langer Zeit war es unabdingbar, dass die Frau unsere regional bedingten Kochkünste beherrschen musste. Seien es die berühmten Semmel- oder Kartoffelknödel mit dem obligatorischen Schweinsbraten, seien es die originellen Dampfnudeln – vor allem in unseren bayerischen Landen legte der angehende Ehemann größten Wert auf seine angestammten, überlieferten Essgewohnheiten.

Aber gewaltig war und ist die Auswahl regionaler Speisen auch nicht gerade. Vielleicht abgesehen von unheimlichen Spezialitäten wie gebackenem Hirn – nicht nur für solche, die selbst zu wenig davon besitzen – oder ausgefallenen Kostbarkeiten wie Züngerl – nicht nur für Sprachbehinderte. Der Ochsenschwanz darf natürlich in diesem Zusammenhang ebenfalls nicht fehlen. Auch der gesottene Kalbskopf will ja lediglich als Delikatesse verstanden werden und hat normalerweise keinen Namensbezug zum Konsumenten.

Und auch wenn die bayerische Küche nicht gerade immer gesund, bekömmlich und vielfältig erscheint, spricht man da selbst heute noch liebevoll, genüsslich und herzlich von »Schmankerln«.

Eine rüstige und kompetente Großmutter aus dem Chiemgau wurde neulich im Rahmen einer Kochsendung gefragt: »Haben Sie damals noch jeden Tag selbst gekocht? Bevorzugte Ihr Mann original bayerische Kost? War es eine Liebesheirat?«

Die einfache Antwort: »Liebe ja und Liebe nein, zu meiner Zeit ging die nachhaltige Liebe hauptsächlich durch den Magen. Wenn das Essen nicht pünktlich auf dem Tisch stand, wurde mein lieber Mann unausstehlich und sogar aggressiv. Die Türe fiel krachend ins Schloss, und der Wirt in unserer Nachbarschaft lachte sich ins Fäustchen, weil er seine angesammelten Restsachen loswurde.

Heute lebt er, mein lieber Mann, schon länger nicht mehr. Das lag aber nicht an meinen Kochkünsten. Die Neuerungen unserer Zeit hätte er höchstwahrscheinlich niemals akzeptiert. Wenn ich mir vorstelle, dass meine Tochter ihren Mann einfach zum McDonald's schickt, weil sie wieder einmal nicht gekocht hat! Damals wäre das ein Scheidungsgrund gewesen. Vorsorglich hat sie ihm von Anfang an zu verstehen gegeben, dass sich die Zeiten geändert hätten und sie keinesfalls seine Mutter wäre. Und so wurde notgedrungen aus meinem doch ziemlich verhätschelten Schwiegerbuben und Einzelkind ein sogenannter fortschrittlich denkender, moderner Zeitgenosse. Zumindest gibt er sich allmählich so.«

»Trotzdem bestand meine Tochter«, so erzählte die leutselige ältere Frau weiter, »auf einer tollen Küche mit Granitbord und aus biologisch aufgewachsener

Natureiche. Möglicherweise kocht sie sogar ein- oder zweimal im Monat in dieser originellen, perfekten Luxusausstattung.

Eigentlich ist ja der liebe Schwiegerbub eher das, was man bei uns in Bayern als heimsinnig, konservativ und muttersüchtig bezeichnen würde. Aber so nach und nach musste er sich einfach an eine andere Sicht der Dinge gewöhnen.

Beispielsweise gibt es heutzutage bei uns kaum mehr die alteingesessene Dorfwirtschaft mit den überschaubaren Errungenschaften und Rezepturen aus vorsintflutlichen Zeiten. Obwohl – es ist noch gar nicht so lange her, da schwammen ein paar welke Blätter in reichlich Wasser unter Zusatz von viel Essigessenz in der irdenen Schüssel. Das nannte man dann Salat. Essigessenz findet man heutzutage eher im Kloreiniger wieder.

Eine breite Auswahl von gastronomischen Lokalen steht nun schon länger zur Verfügung. Da kann die Tochter auch am Abend die Küche kalt lassen. Mittags ist und isst sie ja sowieso im Büro. Aber nur eine kalorienarme Kleinigkeit, um ihr gewichtiges Limit nicht zu überschreiten. Und die lieben Kleineren kennen den Weg von der Schule zum McDonald's längst auswendig. Leider sind sie etwas pummelig dabei geworden. ›Reserven für magere Jahre!‹, meint ihre Mutter sinnvoll dazu.

Das auswärtige Speisen ist heutzutage nichts Ungewöhnliches mehr. Aber anfangs folgte ihr guter Mann zum Beispiel nur widerwillig in ein Sushi-Restaurant. Sein skeptischer Kommentar: ›Ich bin doch kein Asiate!‹ Und das mit den rohen Fischen ist immer noch nicht seine Lieblingssache. Chinese, Grieche, Italiener, Inder oder Türke haben da nach lang anhaltendem Misstrauen eher Passendes für ihn, wenn er abends nach der Arbeit noch etwas verkosten will.

Lediglich an wenigen Tagen im Jahr wird die immer noch fast nagelneue, tolle Küche vorgeführt. Aber nur wenn ausgewählter Besuch erscheint. Da können dann die neugierigen Gäste das Küchenwunder gebührend bestaunen. Jedoch wohlweislich erst länger nach dem Speisen. Eine günstige Cateringfirma hat nämlich für die breite Auswahl von feinen kälteren und wärmeren Speisesachen gesorgt. Und die lieben Gäste glauben, allen Grund zu haben, die Gastgeberin ziemlich hochleben zu lassen. Angesichts der tollen Küchenausstattung schöpft kaum jemand Verdacht, dass sie nicht selbst gekocht haben könnte. Vielleicht aber hat so manche schlaue Besucherin dazu eine heimliche Vermutung aus eigener Erfahrung.

Das integrierte Kochfeld wird hauptsächlich, eigentlich nur noch, für die Frühstückseier benutzt. Der Ehemann verlässt aber neuerdings immer fluchtartig die Küche, wenn das Wasser geräuschvoll überbrodeln will. So gut wie immer vergisst nämlich die junge Frau, dass Eier nicht durch längeres Kochen weicher werden. Oft war sie an einer Modevorführung im Fernsehen hängen geblieben oder hatte längere Zeit den kaum vorhandenen Staub aufgesaugt. Und während dieser Zeit geriet die unaufhaltsame, gefährliche Zunahme der Wassertemperatur rund um die Eier immer mehr außer Kontrolle. Schon mehrmals hat ja der gute Mann versucht, die rumorende heiße Quelle zu entfernen, das überbordende Element zu beruhigen und ohne Brandblasengefährdung die Küche wieder zu verlassen. Aber aufgrund der Vergeblichkeit dieser Versuche strebt er jetzt fluchtartig weg vom Tatort, wenn die Eier aufgesetzt werden.

Hin und wieder will die ehrgeizige Hausfrau aber auch beweisen, dass sie sehr wohl in der Lage ist, eigene Rezepturen und Schmankerl zu kreieren: ›Heute Mittag will ich dich überraschen. Komm bitte pünktlich nach Hause!‹ Diese Warnung verfolgt den Ehemann durch den ganzen Vormittag. Unruhig sieht er einer lauernden Katastrophe entgegen.

Sie hantiert dann nachhaltig und längerfristig in der perfekten Küche, bis irgendeine faszinierende Ablenkung die Tätigkeit unterbricht. Schließlich treffen ständig neue, interessante Meldungen über Facebook ein, oder man muss schnell noch was Wichtiges auf virtuellem Wege von sich geben. Aber sie merkt später sehr wohl, dass sich das Koch- und Bratgut etwas verändert hat. Gerade noch rechtzeitig kann sie reagieren.

Kommt dann der liebe Ehemann abgespannt und erholungsbedürftig, aber pünktlich, heim, stutzt er zunächst und ist doch überrascht. Aus der Spüle ragen schwarz verbrannte Töpfe, Pfannen und Tiegel. Es riecht auch ziemlich eigenartig stark, ja unheimlich. Er weiß dann sofort, was die Stunde geschlagen hat. Heimlich und erleichtert sagt er sich: ›Zum Glück scheint nicht die gesamte Wohnung abgebrannt zu sein. Wobei ich ja alles gut versichert hätte. Aber wer kennt schon das ausufernde Kleingedruckte einer solchen Gesellschaft?‹

Entweder er verspeist nun die weniger verkohlten Essensreste mit dankbarer Miene, oder er glaubt, echten Grund für Nörgeleien gefunden zu haben. Letzteres, so hat er gelernt, ist jedoch nicht empfehlenswert. Teilnahme heischend und eine verstohlene Träne im Auge, erklärt die liebe Ehefrau: ›Ich habe mich wirklich bemüht. Ganz neues Rezept. Das kann man aber schon noch essen. Das Schwarze habe ich total entfernt!‹«

Ultrakurzwelle

Freilich ist die Sache mit der Verschiedenheit von Mann und Frau keine ganz revolutionäre Erkenntnis mehr. Aber wenn dann noch hinzukommt, dass der Mann zum Beispiel von Haus aus etwas einseitig, exzentrisch und konservativ ist, wird es schnell schwierig. Dieser Mann ist noch dazu unser Freund. Er heißt Sepp und hat Angst vor allem Neuen. Deshalb setzt er sich auch leidenschaftlich für die Erhaltung der Gebirgstrachten im ganzen Landkreis ein. Er ist mit Hingabe Vorplattler und Goaßlschnalzer.

Aber auch seine ehemalige Freundin besaß ihre Eigenheiten – wie eben beinahe jeder mehr oder weniger normale Mensch. Der Anfang vom Ende ihrer Zweisamkeit war seine zugegeben reichlich stumpfsinnige Reaktion auf eine unvorhersehbare Erscheinung.

»Ja, wie schaust denn du aus? Das ist ja direkt befremdend. Wenn du nicht meine einzige, beste Freundin wärst, hätte ich dich ja glatt für eine

Unbekannte gehalten. Du wirst doch nicht etwa beim Friseur gewesen sein?«

Nicht nur diese letzte Frage war mehr als dämlich. Später wusste der verlassene Freund, als er uns am Stammtisch sein Leid klagte, dass er sich äußerst falsch verhalten hatte: »Ich war wirklich so überrascht, vielleicht sogar erbost, weil ich in ihre tollen, langen, lockigen Haare von Anfang an verliebt war. Zu Auftritten in Festzelten konnte sie immer wunderschöne Zöpfe daraus flechten.«

Und so erzählte unser Freund weiter, wie das Drama seinen Lauf nahm.

»Ihre Antwort brachte mich nur noch mehr in Rage. Schnippisch erwiderte sie: ›Mir stand einfach der Sinn nach kurz.‹

Und schon eskalierte der Streit. Beherrschung war immer schon meine schwache Seite: ›Sei nicht so trotzig. Das war doch eine reine Kurzschlusshandlung. Das ist weder schön, noch besonders kleidsam. Aus deiner himmlischen Lockenpracht ist nun leider eine banale Ultrakurzwelle geworden.‹

Und jetzt war es sie, die den Streit so richtig in Fahrt brachte. Gereizt meinte sie: ›Du warst immer schon gleich bereit, meine Meinungen und Ansichten zu untergraben. Dir war doch nichts gut genug, was ich gemacht habe. Da kann man nur sagen: Hauptberuf Nörgler. Du bist ein richtiger Haarspalter.‹

Momentan war ich so beleidigt über diesen unvorhergesehenen Ausbruch, dass mir nur einfiel: ›Ich habe mich ausdrücklich über deine Haarkürze aufgeregt. Wie kommst du auf gespaltenes Haar? Ich war doch immer großzügig und tolerant zu dir, oder?‹

Aber im Nachhinein findet man immer etwas Negatives, wenn die Auseinandersetzung eskaliert. Dabei meinte sie fast entschuldigend: ›Andere Leute sagen, dass mir die neue Frisur sehr gut steht. Eine jüngere Frau wie ich hat eben manchmal das Bedürfnis, etwas Verrücktes zu machen. Aber meine Mutter hat mir ja damals schon von dir abgeraten.‹

Noch hätte ich einlenken können. Stattdessen entfuhr mir: ›Das wäre meine Chance gewesen. Jetzt ist es zu spät. Du bist im Allgemeinen eine angenehme Erscheinung. Aber nun ist dein Aussehen leider entstellt. Du verursachst dadurch eine Entfremdung in unserer Beziehung. Wir sind wirklich haarscharf an einer Umstimmung in unserer Zuneigung angelangt.‹

Ab da wurde die Sache ernst. So schnell kann eine zunächst kleine Auseinandersetzung eskalieren. Abrupt erklärte sie: ›Bitte, wenn du das so siehst, suche ich mir eben einen toleranteren Menschen. Mein Friseur sagt auch, dass mir dieser Haarschnitt hervorragend steht. Er ist ein Meister seines Faches und sogar mehrfacher Modefrisurpreisträger.‹

Hier wurde ich leider unsachlich, vielleicht sogar dummerweise eifersüchtig auf einen unschuldigen Friseur: ›Dieser Kahlschlagmeister hätte lieber Briefträger statt Preisträger werden sollen. Ein Fachmann scheint mir der nicht zu sein. Außerdem kenne ich doch den Kerl. Der hat ja schon in seinen jungen Jahren selber eine Glatze. Der ist ja überhaupt nicht mehr kompetent, wenn es um Haare geht.‹

›Falls du es noch nicht wissen solltest: Jeder Mensch hat eigentlich eine Glatze. Bei den meisten wachsen aber noch Haare drauf.‹

›Was kostet denn so ein totaler Kahlschlag, nur damit ich so eine Zahl habe?‹

Jetzt erweckte ich auch noch den Anschein, ein Geizkragen zu sein. Außerdem weiß doch jeder, dass besonders das Friseurhandwerk nicht gerade ausnehmend gut bezahlt ist.

›Ein Modeschnitt ist nicht ganz billig. Da spielt ja auch noch der künstlerische Aspekt eine Rolle, oder? Außerdem hatte er ja durch einen feschen Kurzhaarschnitt bestimmt mehr Arbeit.‹

Nun wurde ich sogar zynisch: ›Eben. Je mehr Haare fallen, desto teurer. Das ist doch das Prinzip deines Künstlers. Du hättest dir vorher ein Pauschalangebot machen lassen müssen. So hat er dir wahrscheinlich jedes einzelne Haar berechnet. Und hinterher macht er sich selbst eine Perücke daraus. Ich kenne doch diesen Glatzengeier.‹

›Wenn es nach dir ginge, hätte ich ja wie in meiner frühen Jugend noch immer eine zopfige Gretelfrisur‹, meinte sie beleidigt. Sie hatte nun sofort meine spießige Seite erkannt: › Ich will schließlich auch einmal ein moderner Mensch mit praktischen kurzen Haaren sein. So spricht keiner, der wahrhaft liebt. Du legst immer nur wieder Wert auf äußere, konservative Vorstellungen. Selbst im Trachtenverein sind die Leute fortschrittlicher als du.‹

Meine Antworten wurden nun nicht nur unsachlich, sondern auch immer dümmer: ›Jawohl. Mit der Gretelfrisur würdest du nicht gehänselt, und unser Gebirgstrachtenverein wird dich mit deiner Stiftenfrisur vielleicht nicht aus seiner Volkstanzgruppe ausschließen. Mach nur so weiter, dann werde ich mir als Kontrastprogramm meine eigenen Haare bodenlang wachsen lassen und damit vor deinem Friseurladen demonstrieren.‹

›Dann wirst du aber sehr fadenscheinig aussehen mit deiner schütteren Frisur. Schau auf deine Jacke. Sie besteht doch schon überwiegend aus Eigenhaar. Normalerweise heißt es: Wer wenig Haare hat, denkt viel. Aber bei dir ist mit jedem Haar auch immer mehr Verstand abhandengekommen. Außerdem würde dir die Hand eines Meistercoiffeurs auch nicht schaden, solange er noch etwas ausrichten kann. Vielleicht hätte ich wirklich von meinen üppigen Haaren eine Perücke für dich in Auftrag geben sollen.‹

›Ich lasse mich doch nicht von so einem aufgeblasenen Kunsthandwerker am Kopf behandeln! Ich gehe nach wie vor zu meinem Friseur und nicht zu deinem Coiffeur.‹

›Ja, und so schaust du auch aus. Du solltest dich nicht nur am Kopf, sondern auch im Kopf behandeln lassen!‹

Das war typisch. Immer wenn sie zornig wurde, fehlte es an sachlichen Argumenten. So cool als möglich erwiderte ich: ›So nicht. Da ist doch keine Diskussion mehr möglich. Ich will ja nicht wegen dir und deiner unrationellen Art meinen Verstand verlieren.‹

›Klar‹, stichelte sie, ›so eine Kleinigkeit ist ja auch kaum mehr auffindbar. Gefühle sind dir sowieso fremd. Die sind einfach gar nicht vorhanden. Du bist wie ein abgefahrener Winterreifen. Kein Profil.‹

›Wieso? Ich möchte lediglich eine Frisur und keine Coiffur. Da könnte ich mich ja nicht einmal am Stammtisch mehr blicken lassen. Wenn ich dich nicht so einmalig lieben würde, wäre mir doch dein entstelltes Aussehen wurscht. Ich würde einfach Gleichgültigkeit darüber ausbreiten. Schau dir lieber unseren Langhaardackel an. Ist er nicht ein schöner Kerl? Nimm dir ein Beispiel daran. So gut hast du auch einmal ausgesehen.‹

›Ich glaube, du solltest beim Tierschutzverein anfragen, ob sie noch einen Platz in einem Spezialkäfig für dich als komische Kreatur frei haben. Doch das kann ich für dich erledigen.‹«

Deprimiert stellte unser guter Freund abschließend fest: »Mit dieser Antwort und einem total beleidigten Gesicht verschwand sie aus meinem Leben.«

Aber wer den Schaden hat, der braucht für eine blöde Bemerkung nicht zu sorgen: »Hast du vom Tierschutzverein schon einen Anruf bekommen?«

Streitkultur?

Ein älteres Ehepaar, anscheinend historisch vorgebildet, unterhält sich auf einer Aussichtsbank am Samerberg mit Blick hinüber auf die Ruine Falkenstein. »Die Falkensteiner haben den ältesten Kodex dieser Gegend, vielleicht sogar von ganz Bayern, verfasst«, dozierte er beiläufig und wichtig. »Das hat die Forschung zur Lebensweise im Mittelalter sehr beflügelt, und wir sind auf diesem Gebiet ein großes Stück vorwärtsgekommen.«

Sie darauf: »Das wurde auch höchste Zeit. Sonst hätten wir doch überhaupt keine Überlieferung. Nimm da nur einmal die alten Ägypter. Mit ihren Hieroglyphen haben die ihre interessantesten Begebenheiten und Abenteuer veröffentlicht. Ja sogar geheimnisvolle Liebesgeschichten. So haben die sich über Jahrtausende erhalten. Die Ägypter würden über so eine Miniburg mit dem lächerlichen Turm dort drüben kein Wort verlieren. Da sind doch damals, also mindestens sehr früher, schon riesige

Bauten und Tempel aus der Wüste emporgewachsen. Die kann man mit unseren paar mickrigen Burgen gar nicht vergleichen. Ich sage nur: Pyramiden! Als wir letztes Jahr vor der Sphinx standen, war ich richtig ergriffen. Ich glaube, die ist sogar aus einem einzigen umfangreichen Stein herausgehauen worden. Mach das mal mit einem Burgturm! So etwas hat bei uns noch nie jemand fertiggebracht.«

Das ließ er sich aber nicht bieten: »Und was ist mit den edlen Rittern, die zur mittelalterlichen Zeit unser Abendland hochhielten und eine beachtliche Burg nach der anderen bauten, nicht nur Falkenstein? So etwas findest du im gesamten alten Ägypten nicht. Das war doch eine tolle Zeit bei uns. Ich wäre damals bestimmt sogar ein schlauer, gefürchteter Raubritter geworden. Vielleicht hätte ich dann dich geraubt und entführt, selbst als älteres Burgfräulein!«

Zündstoff lag in der Luft: »Du und Raubritter? Dass ich nicht lache. Wenn man nicht einmal fähig ist, eine Steuererklärung richtig auszufüllen. Für dich und deine Möglichkeiten bliebe da als Beruf nur der lächerliche Hofnarr. Du und in einer Rüstung, noch dazu auf einem Pferd? Du wärst vielleicht noch ein Ritter von der traurigen Gestalt geworden wie der, der immer gegen die Windmühlen gekämpft hat. Nein, nicht einmal das – wo du doch gar nicht reiten kannst. Ich weiß noch genau, wie du damals im Urlaub schon beim Aufsteigen vom Kamel gefallen bist.«

Das war zu viel. Beleidigt meinte er nur: »Falls du es noch nicht wissen solltest: Ein Raubritter ist noch nie auf einem Kamel dahergekommen. Da hätte ihn bestimmt niemand ernst genommen. Wenn überhaupt ein anderes, edles Reittier infrage gekommen wäre, dann höchstens noch der Elefant. Das weiß man doch aus der Geschichte durch Hannibal, den Karthager. Da haben die Römer ganz schön überrascht gestaunt, als er *stante pede* über die Alpen eintraf. Außerdem war unsere Ägyptenreise damals ja sowieso der totale Reinfall. Das ging doch schon bei den Pyramiden los, wo du beim endlosen Trip durch die Wüste auf dem bockigen Kamel seekrank geworden bist und hintenherum einen sogenannten Wolf bekommen hast. Hier hat sich gezeigt, dass Ägypten kulturell völlig anders geartet ist als unser Abendland. Sand, so weit das Auge reicht. Außerdem passt in unsere Berggegend überhaupt keine Pyramide.«

»Wieso nicht? Es gibt genug Berggegenden mit Pyramiden. Ich sage nur Südamerika. Da sind doch diese Baudenkmäler sowohl von den Inkas als auch von den Mayas überliefert. Und nördlich davon haben auch die Azteken mir nichts, dir nichts solche Bauten errichtet. Sogar oft mitten im Gebirgsgürtel. Darüber hat sich außer dir noch nie jemand abfällig geäußert.«

Vorsichtig kam seine Erwiderung. Er wollte ja den freien Tag genießen und nicht unbedingt Ärger hervorrufen: »Du wirst doch zugeben müssen, dass unsere Vorfahren weder von Pharaonen regiert wurden noch an unsinnigen Monumentalgräbern interessiert waren. Unsere adeligen Anführer sind höchstens in Grüften oder Kirchen verschwunden, wenn es so weit war. Und heutzutage könnte bei uns kein Mensch mehr die Errichtung solcher Riesenbauwerke anzetteln. Da gäbe es bestimmt keine Genehmigung, und auch der Bund Naturschutz hätte sofort ein ernstes Wörtchen mitzureden. In der Neuzeit hat höchstens noch ein wichtiger bayerischer Ministerpräsident zu seinem unauslöschlichen Andenken ein einigermaßen passendes Mausoleum errichten lassen.«

Die Sonne näherte sich dem Horizont. Es wurde kühler, und Dunstschleier lagen über der geheimnisumwitterten Burgruine gegenüber. War das Wichtigste zu diesem unerschöpflichen Thema schon gesagt? Oder gab es weitere gewichtige Argumente, gleich wofür oder wogegen?

Sie begaben sich auf den Rückweg. Wie gewohnt musste sie aber unbedingt noch das letzte Wort auch in dieser Angelegenheit haben: »Ich glaube, als Hofnarr hättest du mit Sicherheit ein schweres Leben gehabt. Da muss man nämlich viel Humor und Witz besitzen. Einen trockenen Beamten aus der bayerischen Schlösser- und Seenverwaltung wie dich könnte man da sicher nicht brauchen. Und als Burgfräulein wäre ich bestimmt von einem feschen Minnesänger oder mehreren Troubadouren umschwärmt worden. Übrigens: Du hast mir früher auch immer wieder gesagt, dass ich jeden Tag hübscher würde.«

Fast unhörbar, aber überzeugt murmelte er in sich hinein: »Das ist leider nicht eingetroffen!«

Kleine Ursachen – unvorhersehbare Wirkungen

Wenn man paarweise länger unter ein und demselben Dach hausen soll, wird es manchmal eng. Auch dann, wenn das traute Heim, oberflächlich gesehen, genügend Platz bietet.

Jeder Mensch auf dieser Welt lebt aus seinen Eigenheiten und Anlagen heraus vor sich hin. Ist das Grundproblem der grassierende, gnadenlose Individualismus? Oder haben wir es mit einem geschlechtsbezogenen Phänomen zu tun? Geht das Gemeinsame spurlos den Bach hinunter, und triumphiert strahlend das egomanische Individuum vor sich hin?

Oder soll man nach noch größeren Worten suchen, wenn sich kleine, alltägliche Differenzen als Auslöser für wahre Dramen aufplustern?

Seien es die etwas längeren Haare, die den Abfluss in der Badewanne und im Waschbecken verstopfen, sei es die merkwürdige Angewohnheit, eine Zahnpastatube offen umherliegen zu lassen. Vielleicht gar noch, ohne den ausgedrückten hinteren Teil sauber aufzurollen. Jedenfalls findet sich neuerdings immer etwas zum Ärgern.

Der kompetente Fachmann meint da unparteiisch sowie aus Erfahrung: »Man wundert sich schon lange nicht mehr, wenn die Singlehaushalte zunehmen wie der Mond beim Vollwerden. Die Schwierigkeiten haben neue Dimensionen erreicht, die Partnerschaften wechseln stetig bis zum traurigen Zerbrechen. Sie benehmen sich zumindest dramatischer, problemträchtiger als in der alten, schweren Zeit. Da war man schon eher darauf erpicht, ein dichtes Dach über dem Kopf und eine gefüllte Speisekammer zu besitzen. Einzig und allein hat die Angst vor dem Dachschaden bis in unsere Zeit ihre Berechtigung behalten.«

Ein befreundeter diplomierter Eheberater berichtet mir öfter anschaulich aus seiner Praxis, was da alles so abläuft. Dabei hat er beinahe schauspielerische Fähigkeiten entwickelt. Er imitiert nämlich, selbstverständlich unter strengster Wahrung der Anonymität seiner Klienten, überzeugend Persönlichkeiten aus seinen Anhörungen bezüglich Ehekrisen. Zum Beispiel mit erhobener Stimme, fast Sopran. Beinahe wie ein Kabarettist. Es klingt manchmal sogar, ganz leicht, wenn mich nicht alles täuscht, nach Schadenfreude:

»99-mal habe ich nichts gesagt, wenn mein lieber Mann täglich beim Rasieren den Spiegel von oben bis unten vollgesaut hat. Beim hundertsten Mal bin ich ausgerastet. Ich habe die reflektierende Fläche mit seiner Lieblingskrawatte blank geputzt und den Schlips dann ins Klo geworfen.

Seitdem ist mein Gatte aber leider nachlässiger, sogar verlotterter geworden. Gerade wenn man im mittleren Management arbeitet, kann man doch nicht einfach mit offenem Hemdkragen in der Bank erscheinen. Er wurde immer unkorrekter. Einmal fand ich seine wochenlang getragenen Socken auf dem Tisch in der Küche neben Butterdose und Käseschachtel. Lebensmittel! Neuerdings träumt er davon: ›Ich will über kurz oder lang ein Veganer werden.‹

Da wird man schon aggressiv. Irgendwann konnte ich es nicht mehr aushalten. Öfter sogar wurde ich spontan richtig bösartig. Ich sagte unter anderem, dass ich es heute nicht mehr verstehen kann, wieso er unbedingt mit auf das Hochzeitsfoto wollte.

Jetzt bin ich zum zweiten Mal verheiratet. Man will ja selber manches besser machen. Ich weiß nämlich schon, dass ich auch kein richtiger Engel bin, obwohl mich der Neue zu Anfang immer so ansprach. Obwohl ich es nicht zugeben will – es kriselt bereits nach einem halben Jahr schon wieder heftig.

Neulich hat er mit vielen anderen Dingen aus meinem Kleiderfundus auch eine große Plastiktüte mit schicken Holzpantinen und zahllosen modischen Sandaletten einfach weggeschmissen. Er sprach von ›Skandaletten‹ wegen meinem Schuhfimmel, wie er es formulierte. Er meinte, dass ich mindestens über 400 Paar Schuhe verfüge. Mindestens. Als ob ich nichts anderes zu tun hätte, als meine Schuhe zählen. Außerdem besitze ich bestimmt viel mehr.

Angeblich entstand das ganze Problem aus Platzmangel. Weil er seine zwei Paar primitive Berg- und Trachtenschuhe irgendwo hinstellen müsse.

Ich bin mir immer sicherer, dass ein Mann eine Fehlschöpfung darstellt. Auch wenn er sich als Bergsteiger oder Trachtler verkleidet. Das habe ich neulich sehr ernst in unserem Arbeitskreis vom Pfarrgemeinderat angesprochen. Leider war der neue Herr Pfarrer nicht nur anwesend, sondern sogar erbost. Vielleicht weil er doch auch eine Art gehobenen Trachtler verkörpert. Dabei hat er gut lachen als kirchenamtlich gestützter Singlemann!«

Warum mein Freund, der Eheberater, so erfolgreich ist? – Er versteht es meisterhaft, stundenlang als schweigender Guru einfach nur zuzuhören. Dabei macht er ein Gesicht wie ein unschuldiges Lamm, das fromm unter Wölfen sitzt.

Fragen dann die eifrigen Kunden nach Rezepten, um ihre verfahrene Lage zum Guten zu wenden, so hält er sich immer noch sehr bedeckt. Seine Masche besteht darin, dass er höchstens von sich gibt: »Sie sind auf dem richtigen Weg. Wir müssen Ihre Ansätze zur Verständigung weiterentwickeln. Sie haben hervorragend jeweils jeder an sich selbst gearbeitet. Scheidungen hinterlassen immer Wunden. Das dürfte Ihnen klar sein.«

Und schon gehen die Sitzungen unendlich weiter. Denn eigentlich will ja niemand so einfach die Flinte ins Korn werfen. Billig ist das für die Trost Suchenden nicht. Die Konten des unschuldigen Lammes zeigen eine erfreuliche Entwicklung, wie er mir grinsend immer wieder mitteilt.

Doch dann meint er unversehens sehr ernst und besorgt: »Unheimlich wird es nur immer, wenn sich so ein Ehepaar, wie zu Hause auch, tätlich auseinandersetzen muss. Da bin ich schon froh, dass ich in jungen Jahren Karatekämpfer war. Denn neulich haben sich die Streithähne überraschend geeinigt und sind mit vereinten Kräften auf mich los. Erst als beide zu Boden gegangen waren, konnte ich die Therapie fortsetzen. Es hat zwar Kraft und Nerven gekostet, aber die beiden sind immer noch ein Paar und zahlen regelmäßig.

Neulich war der gute Mann, wenn auch mit einem blauen Auge, wieder einmal außertourlich auf Besuch und postulierte: ›Wir kämpfen jetzt viel seltener und überlegen sogar, ob wir uns nicht vermehren sollten!‹

War das Wort ›Scheidung‹ früher ein häufig gebrauchtes Wort dieses Paares, so ertönt es zurzeit höchstens noch einmal in der Woche. Sogar die nächsten umgebenden Freunde müssen leider immer häufiger auf das gewohnte, kostenlose, eindrucksvolle Theater verzichten. Es hatte tolle Ansätze einer altgriechischen Tragödie. Aber einige dieser Paare sind ja nun selbst in der Praxis für Eheprobleme gelandet und bieten reichlich Unterhaltung für die anderen.«

Das Geschäft floriert dermaßen, dass der Helfer für gut geölte, funktionierende Paarbeziehungen selber kaum mehr aus seiner Praxis entkommt. Sogar einen sonst jährlich feudal gestalteten Urlaub im Robinson-Club auf den Malediven mit Eheweib und Hinuntertauchen zu Paradiesfisch und Koralle ließ er profitgierig sausen. Auch auf dem Golfgelände sieht man ihn nicht mehr. Nur noch seine Frau, aber auch nicht gerade allein.

Dadurch hat sich ein völlig neues Bild für seine eigene Ehe entwickelt. Unter strenger Geheimhaltung und ziemlich erschüttert flüsterte er neulich: »Jetzt musste ich einen Privatdetektiv beauftragen, damit er meine Frau beschattet. Es sieht nämlich ganz danach aus, dass sie mit einem heimlichen Geliebten ihre üppige Zeit verbringt! Und zwar nicht nur auf dem Golfplatz. Das habe ich doch nicht verdient, oder?«

Ich weiß das ja auch nicht. Was soll man da sagen? Einerseits hat er gut verdient, andererseits will er wieder nicht verdient haben. Er ist doch sonst nicht so wankelmütig.

Wo die Liebe hinfällt …

Obwohl in bayerischen Landen nicht nur die Regierenden sozusagen der schwarzen Mehrheit angehören, ist immer wieder zu beobachten, dass eigenartigerweise die genau gegensätzliche Farbe hier eine tragende Rolle spielt. Es scheint geradezu eine Besonderheit zu sein, dass ganze Rezepturen, aber auch Verhaltensregeln für echte bayerische Spezialitäten aufgestellt wurden, die ganz in Weiß daherkommen. Zum Beispiel die Weißwürste oder das Weißbier.

Unser junger, tatkräftiger, kompetenter Metzgermeister und Hersteller solcher »Schmankerl«, der Martl, sagte dazu überzeugt: »Die Weißwurscht derf ja überhaupt gar net nach dem Zwölfeläuten verzehrt werdn.«

Warum das so ist, kann nur schwer geklärt werden. Er konnte es auch nicht sagen, da sogar Meisterköche noch spätabends ihre vielfältigen neuen Rezepturen dieser einmaligen Wurstschöpfung dem gehobene Publikum nahebringen. Liegt es an der begrenzten Haltbarkeit? Wo doch das Rohmaterial, das sogenannte Brat, nicht über siebzig Grad erhitzt werden soll, bevor es in den, hoffentlich gründlich gereinigten, Darm abgefüllt wird.

Nach der Rezeptur befragt, erhält der Neugierige nur vage Informationen. Viel Wert wird jedoch auf den Hinweis gelegt, wie vitamin-, spurenelemente- und ballaststoffreich dieses bayerische Nationalgericht doch sei. Man könnte fast glauben, der kleine Zusatz von Petersilie und etwas Majoran würde den gesamten Bedarf an gesunder Ernährung tagaus, tagein problemlos befriedigen. Der einfache bayerische Gourmet lässt sich auch ebenso wenig wie der anspruchsvollere die feine Mahlzeit dadurch verderben, dass eine mulmig gekochte Schweineschwarte zur klebrigen Verbindung des Wurstgemenges herhalten muss.

Eine resche, stark salzangereicherte Brezen, oder zwei, schön dunkelbraun gegrillt, runden dann das köstliche, zum Frühschoppen gereichte Minimenü ab. Dazu trinkt der kompetente, aus dem südlichsten Deutschland stammende Mensch ausschließlich ein besonders gebrautes und mit viel Hefe versehenes Bier: das berühmte Weißbier, von weniger aufgeklärten Leuten aus anderen Bundes- und Landesteilen auch Weizenbier genannt.

Sehr wichtig ist aber dabei eine fast religiös anmutende, auf den bevorstehenden Hochgenuss einstimmende Prozedur. Und daran erkennt man immer wieder den eingeweihten, souveränen nativen Bayern: Kurz vor dem endgültigen Leeren der Flasche wird meditativ innegehalten wie im Gebet. Denn nun erfolgt eine andächtige Zeremonie: Die Bierhefe am Boden wird aufgerüttelt und ganz langsam in das aufschäumende Gebräu nachgegossen.

Wenn ein Neuling oder ein Besucher von nördlich des Weißwurstäquators hier seine ersten Versuche startet, kann man darauf wetten, dass der ungebremste Schaum entartet, das volle Glas einfach verlässt und sich über den Tisch ausbreitet. Der Verursacher hat eine wichtige technische Voraussetzung übersehen: Das Glas muss so schräg als möglich gehalten werden. Und außerdem sollte jedwede Eile strikt vermieden werden. Unbedingt ausschließlich im Zeitlupentempo und unter genauer Beobachtung darf die goldbraune Kostbarkeit dem Glas entgegenlaufen.

In rüderen Stammtischkreisen kommt es dabei schon vor, dass eine überbordende Lustigkeit und Lebensfreude um sich greift. In humoriger Stimmung schlägt manch einer lässig mit der flachen Hand auf die zischende Schaumkrone. Das ist eine besondere Art der Taufe unter Freunden, kommt aber für Besucher aus anderen Gauen oder Erdteilen sehr überraschend daher. Es erfolgt dabei der übliche, herzliche Ausruf vor dem Zuprosten: »Gell, da schaugst mit deine' Augen, weilst mit die Ellerbogen nix siehgst!« So lernt auch der Uneingeweihte, Fremde sehr schnell etwas über Brauchtum und Tradition aus unseren gesegneten Gefilden.

Eine harmonische Mischung von Lebens- und Genussmitteln sowie der Frohsinn von geselligen Bräuchen gehen einfach über alles in unserem Leben. Das wird besonders deutlich in entsprechenden Ausstellungen und Präsentationen. Deshalb wollte unser junger Dorf-Metzgermeister, der Martl, unbedingt auch einmal auf der seit 1926 stattfindenden traditionellen »Grünen Woche« in Berlin dabei sein. Er legte seinen Wurstladen in die treuen Metzgerhände seiner Eltern und machte sich erwartungsfreudig auf die Socken.

Unsere Hauptstadt und die berühmte Berliner Luft nahmen ihn problemlos herzlich auf. Und schon durchstreifte er neugierig die gewaltige Messe. In der besonders stark frequentierten bayerischen Sektion spielte die Blasmusik einen zackigen, mitreißenden Hit im Heimatsound nach dem anderen. Auch verstärkte Zitherklänge als von Herzen kommende Grüße direkt vom Gebirg brandeten auf. Die Stimmung näherte sich schon früh dem Siedepunkt. Sogenannte »Goaßlschnoiza« knallten, auf Biertischen stehend, mit Peitschen über den Köpfen der genüsslich Bier trinkenden Meute aus aller Herren Länder schneidig im Takt. Urige Trachtenträger, seien es kernige Leute aus Miesbach, vom Tegernsee oder gar die kühnen Gebirgsschützen mit ungeladenen Vorderladern, stellten unser original oberbayerisches Brauchtum zur Schau. Auch die echten Hinterwäldler aus dem Bayerischen Wald, Niederbayern genannt, und sogar die scheuen, schwer verständlichen Oberpfälzer waren mit Brauch und Tracht zahlreich erschienen. Die nicht so gerne zum Stammland gehörenden Franken waren aber auch nicht faul. Auch bei ihnen gibt es schöne überlieferte Verkleidungen. Und so eine fränkische Bratwurst ist, wie sie der Kenner kennt, immer besonders gefragt. Schlau und erfahren weiß die Berliner Veranstaltungscrew der »Grünen Woche« um die suggestive, bodenständige Gewalt und Wirkung solcher archaischer Werbeträger aus dem Süden unserer Republik.

Nach einer deftigen Brotzeit mit reschen Brezen und Weißwürsten, die er fachmännisch geprüft und für gut befunden hatte, sowie mehreren Halben echtem Weißbier schlenderte der Martl jeden Tag gleich nach der Öffnung durch die interessante Messe mit über 1200 Ausstellern. So kam er schließlich an einen Stand, der hier zunächst etwas deplatziert wirkte.

Der gute Mann verharrte. Nicht nur das Schild *Hier wird ausschließlich gesunde, biomäßige, vegane Ernährung angeboten* bannte ihn augenblicklich. Ein außergewöhnlich hübsches, knackiges Berliner Madl mit drallen Wadln faszinierte den eingefleischten Junggesellen. Er war wie gefesselt. Schüchtern näherte er sich in seinem gut sitzenden, kleidsamen dunklen Lodenanzug und dem Trachtenhut, einem besonders teuren Stück: Auf ihm zitterte, durch die Lüftung mäßig bewegt, ein echter Gamsbart.

Verwundert betrachtete ihn die Berliner Göre von oben bis unten, obwohl sie solche Exoten nun ja täglich auf der Messe erleben konnte.

Endlich fand der gute Mann seine Sprache wieder. In gebrochenem Hochdeutsch fragte er vorsichtig, auf einen Tofuburger deutend: »Kann man denn so was überhaupts essen?«

Verwundert, aber mit überzeugenden, leicht verständlichen Worten, ebenfalls nicht ganz dialektfrei, klärte die Göre den neugierigen Burschen auf: »Da wirste ja staunen, wie jesund und bekömmlich so een Burger mit den vielen Kräutern und

Biotomatenscheiben auf det bekömmliche Leben abjestimmt is! Setz dich doch!« So animierte und bezirzte ihn die tolle Frau.

Widerstandslos nahm er den eigenartigen Burger entgegen. Dazu erlaubte die quirlige Maid eine echte »Berliner Weiße«. Lediglich die Zugabe von Himbeersirup erschien ihm recht exotisch, schmeckte das Ganze dabei doch ungewohnt süßlich.

Da zu dieser frühen Stunde der Besucherandrang, besonders am veganen Stand, recht mäßig war, setzte sich die Berlinerin – sie hieß übrigens Jenny – neugierig zu unserem erfreuten, nicht schlecht aussehenden Metzgermeister. Sie kamen sogar in ein recht tiefgründiges Gespräch, das immer stärker von ihrer unterschiedlichen Ernährungsweise dominiert wurde. Hatte der gute Mann sich bisher nur abfällig über solch eigenartige Lebensmittel geäußert, wurde er plötzlich doch viel konzilianter. Er hörte aufmerksam, wenn auch misstrauisch auf die Erläuterungen der überzeugten Veganerin. Die vollen Lippen, die weiß aufblitzenden Zähne und nicht zuletzt der samtige Sound ihrer Stimme versetzten ihn fast in eine hypnotische, übersinnliche Welt.

Plötzlich riss sie ihn aus seinen träumerischen Gedanken. Sie fragte unvermittelt: »Um vierzehn Uhr haben wir heute vor dem Eingang der Messe eine Demonstration gegen Massentierhaltung und kannibalische Essgewohnheiten. Gehst du mit? Hinterher treffen wir uns noch zum gemütlichen Austausch über den Erfolg.« Überrumpelt durch die Ausstrahlung des toll aussehenden Madls und stark verwirrt sagte er sofort leichtsinnig zu.

Als er zu besagter Zeit in der Nähe eintraf, war der Platz weiträumig abgeriegelt von ernsten Ordnungskräften. Diese hatten extra für die zur Schau getragene Machtdemonstration sogar einige Pferde aus den Amtsstallungen geholt. So ein erhabener Reiter in eindrucksvoller Polizeitracht war kaum zu übersehen, geschweige denn in seiner Dominanz zu ignorieren.

Vergeblich bemühte sich der Martl zunächst, seine hübsche Berlinerin ausfindig zu machen, obwohl die aufmüpfigen Demonstranten nicht gerade in großen Massen angetreten waren. Sie machten auch keinerlei Anstalten, mit Tofuburgern um sich zu werfen oder anderweitig die Macht an sich zu reißen. Lediglich einige bescheidene Transparente überragten die dünn gesäte Menge. Darauf wurde zum Beispiel angeprangert: *Massentierhalter – Tierquäler* oder *Kastriert Minister, nicht kleine Ferkel!* Triumphierend konnten die Ordnungshüter jedoch feststellen, dass sie bei Weitem die Überzahl repräsentierten, und es war nicht schwierig, so ein paar lächerliche Argumente in Schach zu halten.

Und schon fuhren schwarze, schwere Limousinen vor. Eine nach der anderen, eskortiert von noch stärkeren Ordnungskräften. Ihr Inhalt: Wichtige Minister und Ministerialdirigenten aus mehrerer Herren Länder, sogar auswärtigen. Der Martl erkannte auf Anhieb auch unseren lieben Bayerischen Staatsminister für Ernährung, Landwirtschaft und Forsten, mit dem er sogar schon persönlich gesprochen hatte. Und zwar auf einer internationalen Metzgertagung. Die wichtigen, meist dicklichen Herren sah man dann noch kurz in der Eingangshalle verschwinden. Sie mussten natürlich ungestört sein, wenn sie entscheidende Gesetze und Fristen für etwas weniger Antibiotika in den angeprangerten Massentierställen durchsetzen sollten.

Plötzlich hielt jemand dem Martl von hinten die Augen zu. Er erriet sofort, wer denn da so überraschend zugange war. »Jenny!«, sagte er glücklich.

Und sie war es. Sie nahm ihn bei der rechten Hand, und ohne viel Gerede landeten beide in einem dämmrigen Pub. Erfreut merkte der Oberbayer, dass er ihr nicht ganz gleichgültig war.

Nun hatte sich inzwischen doch stärkerer Hunger sozusagen in ihm breitgemacht. Aber gerade noch rechtzeitig dachte er an die vegane Einstellung seiner neuen Freundin. Eine Leberkässemmel hätte er aber in dem schummrigen Lokal sowieso nicht erhalten. Also verzehrten sie gemeinsam nach Jennys Wünschen einen tollen, vitaminreichen und mit geröstetem Tofu angereicherten frischen Salat. Eigenartigerweise schmeckte der ihm sogar. Jenny bemerkte dazu: »So janz vegan bin ick ja ooch nimma.« Und sie schwärmte, dass sie ein wunderbares vegetarisches Kochbuch von dem berühmten Londoner Meisterkoch Yotam Ottolenghi zum Geburtstag erhalten hatte. Aber Martl wusste natürlich, dass seine Ernährung bisher dazu diametral gegensätzlich verlaufen war. Mit Weißwurstrezepten konnte man bei ihr nicht punkten. Er wollte jedoch die paradiesische Stimmung so lange als möglich genießen.

Nun war es nicht verwunderlich, dass sich die beiden rasch näherkamen, wo doch Neugierde und

Sympathie bei ersten Begegnungen immer eine tragende Rolle spielen.

Die »Grüne Woche« ging vorbei, der Martl verabschiedete sich sentimental. Doch Jenny und er wollten nicht so ohne Weiteres und auf Nimmerwiedersehen auseinandergehen. Er brachte es allerdings noch nicht übers Herz, seine berufliche Identität preiszugeben.

Wieder zu Hause – der Vater saß gerade vor einer Riesenportion Apfelstrudel, weil er hauptsächlich von Mehlspeisen lebte – erzählte er schwärmerisch von seiner Traumfrau.

Die Mutter meinte nur: »Ja, dann heirat sie doch!«

Und der Vater nickte versonnen, weil auch er wusste, dass seine Frau, wie man in Bayern so sagt, nicht gerade auf der Brennsuppn dahergeschwommen kam.

Indem seine Mutter immer schon die besten Ratschläge für den Martl bereithielt, hörte er auch diesmal auf sie. Wie sonst nur im Liebesfilm der 1960er-Jahre, entstand wider alle Erwartung ein wunderbares Happyend. Der Martl verpachtete seinen Metzgerladen und wanderte aus, zwar in ein etwas fremderes, abgelegeneres Land, aber zur geliebten Jenny sowie ihrem feinen, vegan-vegetarischen Minirestaurant nach Berlin. Und in ihrem idyllisch gelegenen privaten Domizil am Wannsee war es durchaus möglich, eventuelles Heimweh sowohl als auch aufkeimende Sehnsucht nach den Bergen so nach und nach zu vergessen. Aus der Perspektive der modernen Verkehrsmittel gesehen, lebte man ja da oben wirklich noch nicht am anderen Ende der Welt.

So geschah es, dass ein aufgeschlossener bayerischer Metzgermeister seinen Beruf und das gesamte Leben völlig umkrempelte, bedingt durch ein aufrüttelndes, romantisches, aufregendes Abenteuer. Noch dazu, wo doch die fesche Jenny mit wirklich schmackhaften, feinen Gerichten bei Veganern und Vegetariern schon länger eine gewisse Berühmtheit erlangt hatte. Statt Weißwurstbrat in Därme abzufüllen, ist es fast problemlos auch möglich, vegane Schmankerl zu kreieren.

Umgehend nahm die Zukunft der Verliebten ihren erstaunlichen Lauf. Und wenn sie nicht gestorben sind, dann vegetieren sie noch heute, auch ohne Weißwürste oder ähnliche Genussmittel glücklich, in die immer wieder eintreffende Zukunft hinein.

Whiskey und Whisky

Sein Name war Patrick. Der Vater stammte aus Schottland und war auf Umwegen als Flüchtiger vor der Polizei erst nach Kentucky und später nach Salzburg gekommen. Von dort konnte er fast problemlos über die grüne Grenze nach Bayern schleichen sowie dort Fuß fassen.

Diese Vorgeschichte kennt heute niemand mehr, und eine strafrechtliche Erfassung via Interpol war damals noch lückenhaft. Auch dass er sowohl in Schottland als auch in Kentucky als Schwarzbrenner im Schnapsfach tätig war, ist längst Geschichte. Immer wieder wurde ihm der Boden zu heiß, besonders aber und buchstäblich im amerikanischen Bundesstaat. Denn da ging seine Schwarzbrennerei in Flammen auf.

Während der Senior in Schottland, dem mutmaßlichen Erfinder-Country des »Single Malt«, mit Wasser, Gerste und Hefe sowie traditionell über Torffeuer braute, nahm man es in Kentucky nicht so genau mit den Zutaten. Hauptsache Hefe und Getreide, ob Mais, Weizen oder Gerste – schon war der begehrte Drink destilliert, kam zur Aufbewahrung in die ausgekochten Eichenfässer und wartete auf seine Konsumenten. Einer davon, und zwar ein ausgiebiger, war er selbst.

Interessant scheint in diesem Zusammenhang durchaus zu sein, dass sich die Namensgebung des begehrten Gesöffes im Laufe einiger Zeit in zwei kaum zu unterscheidende Bezeichnungen gespalten hatte. Während man in Schottland grundsätzlich den Namen Whisky erfunden hatte, wollte man in der Neuen Welt auch hier etwas abweichen. Und so hielt der Whiskey mit nur kleiner zusätzlicher Veränderung dort drüben seinen Einzug und erkor umgehend viele trinkfreudige, ja sogar elitäre Anhänger, die ab sofort keinen anderen Schnaps mehr zu sich nahmen.

Später, schon in reiferen Jahren und im Hofbräuhaus München, hatte es ihm, dem ursprünglichen Schotten, dann eine schlagfertige, freche Kellnerin angetan. Er ruhte ausdauernd ab sofort nicht eher, als bis sie sozusagen sein eigenes Weib wurde. Das heißt natürlich, sie gehörte ihm nicht direkt im Sinne von Besitz. Dazu war sie viel zu freiheitsliebend. Geheiratet, aus bürgerlicher Sicht gesehen, hatten die beiden nämlich auch nie. Also gehörte sie ihm und er ihr »nur an«, wie man da sagen könnte. Ein Versprechen, ein Handschlag nach mehreren Gläsern Whisky, das war alles. Und das genügte auch. Es bedurfte nicht vieler Worte, um eine zufriedenstellende, ja weitgehend sogar glückliche Beziehung durch die umlaufenden Winde des Lebens zu erhalten.

Und daraus entsprang postwendend der Patrick, ein munterer Junge, der auch nicht gerade langweilig durch seine Zeit surfte. Den Urlaub verbrachte er früh schon mit den Eltern öfter im einsamen schottischen Bergland, seiner Herkunft väterlicherseits. Das war für ihn, eigentlich einem Sohn der oberbayerischen Bergwelt, immer wieder ein romantisches Erlebnis mit andersartigen Eindrücken, auch wegen der Gewohnheiten dieses eigenwilligen Schottenvolkes. Statt Weihnachten feierte der Verwandtenclan zum Beispiel am Silvesterabend ausgiebig den Hogmanay der Wikinger. Ob diese aber schon damals den berühmten schottischen Whisky genossen haben, ist eher zweifelhaft, auch wenn man später fast zu jeder Gelegenheit und zur Aufmunterung diese Naturgabe ausgiebig verwendete.

Die Zeit blieb natürlich auch damals wie heute nie stehen. Als Patricks Eltern später nicht mehr unter den Lebenden weilten, war er zwar zwischen Schottland und Oberbayern hin sowohl als auch her gerissen. Doch seine oberbayerische Heimat obsiegte. »Bayern is für mi der Mittelpunkt der Erde. Da war i, da bin i, und da bleib i!«

Schon bald gründete er daselbst eine Firma, den »Service für Filmlocation«, das heißt, er suchte auf Anfrage geeignete Orte und Plätze, die einem jeweiligen Filmprojekt entsprachen, und verdiente dabei nicht schlecht. Für einen gehobenen satirischen Heimatfilm zum Beispiel vermittelte er eine besonders wildromantische Gebirgsgegend inklusive Almhütte und Sennerin. Und weil der Produzent sowohl als auch der Regisseur durchaus mit Laienschauspielern und -spielerinnen eine pseudorealistische Wildererposse drehen wollten, verpflichtete er das muntere Naturmädel mit den blonden, langen Zöpfen gleich als Hauptdarstellerin und sich selber als durchtriebenen, dunkelhaarigen, schlauen Wilderer, der alle Jagdaufseher, Jäger und Waldbesitzer auf die Palme hinaufbrachte, wie man so sagt, aber niemals erwischt wurde. Der aussagestarke Film trug bezeichnenderweise den originellen, etwas unheimlichen Titel: *Die Blutspur an der Fichtenwurzel.* Es ging um Leben und Tod oder zumindest um eine Annäherung an diese letztere unangenehme Situation.

Seit dem Drehbeginn vernachlässigte die eifrige Sennerin ihre Kuhherde, die ziel- und verständnislos, aber frank und frei über die Bergwiesen streifte und so nach und nach leicht verwilderte. Die jungen Kühe zeigten sich lediglich hin und wieder, vielleicht sogar etwas eitel, wenn sie der Regisseur als Zwischenschnitte verwenden wollte. Die schmucken weiß-braunen Tiere werteten das Heimatgefühl, das der Streifen vermitteln sollte, stark auf.

Die wichtigsten Filmszenen, nicht nur harmlos in der Natur gedreht, sondern auch bettmäßig-lustige, führten bald dazu, dass die beiden hauptdarstellenden Leute sich doch etwas näherkamen. Einer der Statisten, und das waren nicht wenige, verkündete bald unter vorgehaltener Hand: »Ich glaube, die zwei sind echt verliebt. Neulich hat er ihr nicht nur die Stalltüre aufgehalten, sondern sie auch verdächtig sanft am Rückgebäude gestreichelt. Ob das nicht jetzt schon zu einer stärkeren Beziehung heranreift? Wunder wäre es keines, bei diesem tollen Dirndl.«

Und so nahmen die Drehtage ihren erfreulichen Lauf. Der Film entstand zur vollen Zufriedenheit aller Beteiligten. Es war nach dem großartigen Gelingen dank der wenn zwar laienhaften, aber doch sehr überzeugend agierenden Mimen kein allzu großes Wunder, dass man sich bald einige hoch dotierte Preise und Auszeichnungen erhoffte. Von staatlicher Seite waren ja bereits umfangreichere Zuschüsse herübergeflossen.

Das allgemeine Abschiednehmen aller Beteiligten wurde verständlicherweise ein überwältigender Event. Zum »Film-Aus«, dem überschwänglich gefeierten Fall der letzten Klappe, ging es recht hoch her. Der Patrick kredenzte freudig den allerbesten »Single Malt« aus der schottischen Heimat seiner väterlichen Vorfahren und Verwandten, die ihr Erscheinen nicht nur angekündigt, sondern auch in die Tat umgesetzt hatten. Sowohl drinnen in der Almhütte als auch draußen auf der blühenden, mit Schusternagerl tiefblau durchsetzten Almwiese wurde mehrere Tage und Nächte ausgiebig und ausgelassen gefeiert. Der zufriedene Produzent sowohl als auch der überglückliche Regisseur konnten sich nur schwer über ihren Erfolg beruhigen. Sie gingen aber, wenn auch knapp, an einer Alkoholvergiftung vorbei.

Nach erstaunlich kurzer Schneide- und Produzierarbeit wurde es noch einmal feuchtfröhlich, und zwar aus Anlass der Premiere. Fast lauter wichtige, geladene und einflussreiche Gäste aus Film, Gast- und Industriewirtschaft wie auch aus Politikerkreisen waren dem Rufe gerne gefolgt. Die Preise prasselten zwar nicht wie erhofft herein, aber auf einem angesehenen Provinz-Filmfestival schneite dann doch noch eine wertvolle Auszeichnung daher.

Bekleidungsfirmen für Berg- und Almbegehungen, sogar für den immer wieder einmal eintreffenden Winter, sogenannte Sponsoren, zeigten sich auch recht erkenntlich. Und ein namhafter Autoerzeuger hatte großzügig ebenfalls als big Spender die sogenannten Spendierhosen angezogen. Seine Allradfahrzeuge konnten oft zum Transport der Kameraausrüstungen, aber auch zum Abtransport etwas betrunkener Statisten eingesetzt werden.

Richtig interessant und sogar bahnbrechend zeigte sich aber die ganze fleißige Arbeiterei und Produziererei vor allem für die beiden Hauptdarsteller. Endlich merkten sie immer stärker ihre Zuneigung. Diese mündete dann alsbald in eine richtige Hochzeit mit allen dazugehörigen feierlichen Zeremonien und illustren Eingeladenen.

Und schon, wenn auch recht unglaublich, entstand – einige Jahre müssen jetzt ausgelassen werden – eine bis heute gut anhaltende Zweierbeziehung aus den romantischen Anfängen. Die blondzopfige, natürliche Sennerin verstand es schlau, sämtliche Klippen und Stolpersteine einer längeren Zweisamkeit in die richtigen, ungefährlichen Bahnen zu lenken. Dazu trugen auch nicht zuletzt mehrere kleine weibliche und männliche Nachfahren kräftig bei.

Aus Anlass eines mehrjährigen Hochzeitstages und nach einigen Gläsern des bekömmlichen, echt schottischen Whiskys meinte der Patrick im Tone seiner ehrlichen Überzeugung: »Auf der Alm, da gibt's koa Sünd, weil wir seitdem glücklich sind.«

Beziehungs-Früherziehung

Kaum zu glauben, aber die tiefe Verschiedenheit der menschlichen Spezies entwickelt sich früher, als man gemeinhin denkt.

Femininum und Maskulinum ein und derselben Art beinhalten doch oft vollkommen verschiedene Welten.

Und das geht schon sehr bald los, spätestens jedoch im Kindergarten.

Sagt zum Beispiel neulich die sogenannte Tante arglos zu ihren Schützlingen: » Sicher habt ihr schon einmal gemerkt, dass die Menschen oft paarweise auftreten – in Märchen und Sagen, in Geschichten, ja sogar in der Bibel. Das geht bereits los bei den ersten Leuten. Es sollen die Eva und der Adam gewesen sein, die in einem paradiesischen Garten herumgewandelt sind. Aber sie haben nicht gefolgt. Da wurden sie bestraft und mussten das Paradies verlassen. Und zwar aufgrund eines Ungehorsams. Nehmt euch bitte kein Beispiel daran.«

Die Liesl hat einen leichten Sprachfehler, weil zwei Vorderzähne wegen Tätlichkeiten abhandengekommen waren. Sie muss aber unbedingt eingreifen, indem sie Näheres weiß: »Schie hatten esch net glaubt, dasch der liebe Gott desch net mag, desch mit dem Apfel. Der hat desch verboten.« Und dann nachdenklich: »Warum war desch scho? Desch isch doch komisch. Obscht isch doch gschund!«

Kurz meint die Kindergärtnerin: »Man darf eben nicht alles tun. Das wird schon seinen Grund gehabt haben. Vielleicht war der Apfel noch gar nicht reif. Oder die beiden haben sich zum ersten Mal gestritten, weil der Adam zu viel abgebissen hatte. Das kann nämlich schnell problematisch werden zwischen Mann und Frau.«

Der Maximilian kennt sich aus: »Muss du doch aus Erfahrung wissen. Auch geschieden von dei'm Mann, hast du neulich gsagt!«

Um beim Thema zu bleiben, fährt die Kindergärtnerin fort: »In unserer Welt gab es aber immer schon Liebespaare. Oft sind sie unglücklich gewesen, weil die Eltern gestritten haben, wie bei Romeo und Julia in Verona. Oder sie haben selber gestritten. Zwischen Eva und Adam war das damals sicher auch der erste Zankapfel. Auch in Griechenland bekamen der Orpheus und die Eurydike ihre Probleme, weil sie, die Eurydike, von einer bösen Schlange gebissen wurde. Da wollte der Orpheus sie retten, hat aber auch wieder nicht gefolgt. Er hat sich im Hades umgedreht, obwohl es verboten war.«

»Wo is der Hades?«, erkundigt sich in diesem Augenblick der Hansi.

Die Kindergärtnerin: »Ich glaub, das ist so etwas wie das Fegefeuer in der Bibel. Da wurden früher in Griechenland die Leute hingeschickt, wenn sie gestorben waren und nach ihrem Lebenswandel aussortiert werden mussten.«

»Und vielleicht die Einbrecher oder die Leute, die wo immer stehlen und lügen«, ergänzt der Hansi. Und dann nachdenklich: »Vielleicht auch die Eva und der Efeu.«

Die Tante fährt fort: »Neulich habe ich euch das Märchen von Hänsel und Gretel erzählt. Diese Geschwister hatten es gar nicht einfach, wie ihr gesehen habt. Noch schwieriger wird es anscheinend bei Liebespaaren. Die streiten ganz leicht und noch dazu sehr schnell sowie nachhaltig. Später haben sie dann oft gar keine Geduld mehr und gehen auseinander.«

»Dasch ischt vielleicht darum, weil schie ja nicht einmal verwandt schind«, weiß die Liesl sofort.

Der kleine Hansi bemerkt lautstark: »Die Liesl und ich sind auch ein Liebespaar. Obwohl sie mich neulich umgeworfen hat. Wir sind genauso verliebt wie Orphus und Efeu. Und wenn wir fertig gewachsen sind, heiraten wir sofort.«

Die Liesl schränkt jedoch umgehend ein: »Aber dasch geht nur, wenn du mir net wieder mein' Apfel wegnimmscht wie neulich! Schonscht heirat ich dich nicht«

Bevor die beiden wieder handgreiflich werden, sagt die Kindergärtnerin schnell: »Heute erzähle ich euch das Märchen von Jorinde und Joringel.«

Draußen kommt Regen auf. Die Baumwipfel vor dem Fenster biegen sich im Wind. Die Kinder sperren Mund und Ohren auf. Und die Erzieherin beginnt mit diesem wunderschönen Märchen aus der Sammlung der Gebrüder Grimm:

»Mitten in einem großen, dichten, dunklen Wald, vielleicht in Niederbayern, stand ein gewaltiges Schloss. Da wohnte eine Hexe. Jeder, der dem Schloss zu nahe kam, wurde verzaubert. Und zwar in …«

»Bei uns wohnt ein Zauberer im Haus. Der hat sogar einen Euro aus meiner Nase gezaubert«, weiß der Maximilian sofort. »Und meine Mutti hat neulich auch gezaubert. Sie hat zum Vati gesagt: ›Euch Männer darf man nicht so lassen, wie ihr seid. Ich verzaubere dich in den Märchenprinzen, den ich mir immer gewünscht hab.‹ Der Vati hat gesagt, sie soll lieber wieder eine Prinzregententorte herbeizaubern.«

Und weiter geht es mit Jorinde und Joringel. Sie wird in eine Nachtigall verwandelt. Aber der gute Joringel schafft es, die blutrote Blume zu erwischen. Und dann ist die Hexe sofort machtlos. Sie ist schwer beleidigt und noch schwerer beschäftigt, weil sie alle Vögel wieder zurückverwandeln muss in die Personen, die sie vorher waren.

»Ist eine Hexe die Frau von einem Zauberer?«, will der Hansi wissen. »Und wenn sich die zwei selber verzaubern, vielleicht in eine Maus und in eine Katze? Frisst dann die Katze die Maus?«

»Drum ist ja die Hexe ganz allein in dem großen Schloss, weil sie den Zauberer als Maus gefressen hat«, weiß der Maximilian sofort.

»Aber wenn die verheiratet waren, muss sie ihn doch nicht gleich als Maus fressen. Das geht doch leichter, wenn die sich scheiden lassen!«

Nachdenklich, jedoch aus eigener Erfahrung weiß die Kindergärtnerin: »Ihr könnt euch ja gar nicht vorstellen, wie sehr sich Menschen streiten, obwohl sie sich geliebt haben. Soeben war ich noch sein Augenstern, doch gleich darauf nur noch schnuppe, wie es heißt. Aber die Scheidung wurde dann gar nicht so schwer. Die Richterin wusste, mit wem sie es zu tun hatte, weil sie früher mit meinem Ehemaligen verheiratet war.«

Immer wieder

So eine Talkshow bringt ja meistens nichts Wichtiges an den Tag, und es gibt diese Pseudorealitysendungen inzwischen wie Sand am Meer. Da wetteifern die Sender täglich aufs Neue, und viele berühmte Leute quasseln, was das Zeug hält, aus ihrem mehr oder weniger bewegten Leben. Sie glauben felsenfest daran, dass das andere Menschen interessiert. Trotzdem ist man hin und wieder überrascht, was den findigen Redakteuren und Mediengrößen alles so einfällt, um auf der Jagd nach Quoten zu brillieren.

Neulich war das Thema: *Warum heiraten Sie immer wieder die gleiche Person?* Das klang sogar interessant.

Man fragt sich schon, was in Leuten vorgeht, die beispielsweise zum dritten oder vierten Mal die gleiche Versagerin oder den gleichen Versager heiraten. Ist es die Erkenntnis: Es kommt nichts Besseres nach? Oder haben sie auf der freien Wildbahn zu neuen Verbindungen selbst versagt? Will man die Rechtsanwälte kontinuierlich unterstützen? Oder hat man schlicht einen Sparren locker oder ist stark verwirrt?

Oder ist es wirklich die große Liebe, die lediglich zeitweise verschüttet wurde?

Oder vielleicht sind Liebe und Hass nur zwei Dinge wie Yin und Yang? Die sollen ja seit dem Ursprung der Welt gleich Berg und Tal mit Höhen und Tiefen unser Dasein angeblich begleiten.

Oder geht eine logische Denkweise oft seltsame Wege zwischen Mann und Frau? Liegt es möglicherweise am persönlichen Horizont, der vielleicht zu niedrig sein könnte?

Gerade berühmte und von allen bewunderte Menschen aus der High Society wirken ja oft keineswegs als Vorbilder für die Beständigkeit von Beziehungen. Im Gegenteil türmen sich ihre Probleme besonders stark auf. Man sollte vielleicht nicht gerade Schauspielerehen wie die von Elizabeth Taylor und Richard Burton als Vorbild sehen, auch wenn Scheidung und Hochzeit anscheinend ihr abwechselndes Hobby waren. Das Theaterstück *Wer hat Angst vor Virginia Woolf?* zeigt ja deutlich, wo so eine Liebe hinführen kann.

Die eifrigen Anrufer haben dann jedenfalls immer wieder die gleiche Kurve gekratzt. Und zwar oft nach längerer Trennung, wobei man doch längst wissen müsste, wohin der Hase sozusagen läuft.

Eine unbekümmerte Jugend geht ja – und das ist echt bewundernswert, optimistisch und blauäugig – davon aus, dass die Bezugsperson genauso vollkommen ist, wie man selbst zu sein glaubt. Man meint, es wird alles bestens und ein Leben lang andauern.

Das Versagen kommt dann wie eine Naturkatastrophe daher. Wie eine böse Windhose oder ein ausländischer Tsunami, welche man in Bayern sonst selten registriert.

Wie heißt es doch romantisch: Liebe macht blind. Meist erscheint die Sehkraft während der Ehe aber wieder umso stärker.

Die Frage des Moderators: »Wird so eine Beziehung nicht noch riskanter, wenn alle Fehler bereits hinlänglich bekannt geworden sind, und man heiratet immer wieder aufs Neue?«

Eine eloquente, muntere Dame über neunzig, die früher für kurze Zeit berühmte Operndiva war: »Ich habe meinen Mann oft geheiratet. Und ab dem dritten oder vierten Mal war uns endlich klar: Wir können ohneeinander nicht sein.«

Der Moderator: »Was war denn der Grund für die immer wieder eingetretene Trennung?«

Im Nachhinein meinte die rüstige Frau: »Er war ja dauernd fort, wenn auch nicht für immer – wie jetzt. Schauspieler sind einmal hier und schon wieder woanders. Wie das eben so üblich ist. Doch wenn er da war, kam schon bald eine gefährliche Stimmung auf. Es wurde höchste Zeit für eine besinnliche Pause, bevor Mord und Totschlag ausgebrochen wären. Auch habe ich mir überlegt: ›Der ist ja 30 Jahre älter als ich. Da ist die Zukunft logischerweise nicht so rosig.‹ Doch alles, was als Übergang nachkam, hatte nur kurzfristigen Bestand. So ein jüngerer Mann – ja, wie soll ich sagen –, der ist meistens noch lange nicht fertig, vielleicht sogar erst im Embryostadium.«

Anscheinend zählte sich der Moderator auch zur jüngeren Generation. Denn es entstand eine längere

Pause. Umgehend und interessant führte die ehemalige Diva weiter aus:

»Einmal haben wir uns sogar während der Scheidungsszene wieder versöhnt. Der einfühlsame Richter: ›Sehr schön. Dann reichen Sie sich doch die Hände, und es kann weitergehen. Sie haben ja schon so viel Erfahrung in Ihren Eheangelegenheiten gesammelt. Da kann man nur noch gratulieren.‹ – Ich habe darauf nur gesagt: ›Ich nehme die Strafe bedingungslos wieder an!‹«

Der Moderator wurde nun poetisch: »Liebe war eben nicht nur in der romantischen Zeit von Novalis, Eichendorff und Goethe eine märchenhafte, unwägbare Macht. Vielleicht sogar eine höhere Himmelsmacht, wie es so schön heißt. Offensichtlich war damals die Gefahr des verflixten siebten Jahres unbekannt. Neuere Forschungen gehen zwar davon aus, dass es sich dabei um eine Störung in psychischer Hinsicht handeln könnte. Und die Anzeichen von Betroffenen würden das beweisen. Ihr irrationales, eigenartiges Verhalten spricht ja Bände. Aber selbst die größten Rationalisten sind offensichtlich dagegen machtlos und benehmen sich meistens mehr als eigenartig. Liebe ist zwar manchmal wie ein Märchen. Aber längerfristig und öfter doch ein Schauermärchen. Da kann man nur gratulieren, wenn es tapfere Leute gleich mehrmals partnergleich riskieren.«

Die eloquente Dame: »Auch in späteren Jahren konnten wir immer wieder zusammenfinden. Der Mann und Vater fehlte auf Dauer doch etwas. Wir hatten ja durchgehend auch eine sehr gute Beziehung zu unseren Kindern. Sie haben alle Probleme und

Nöte mit mir besprochen. Ab und zu war er aber auch an der Erziehung beteiligt. Er merkte sehr wohl sogar öfter, dass kleine Menschen bei uns wohnten. Und wir wussten doch schon aus Erfahrung, wie der Hase läuft. ›Weißt du was‹, hat er dann eines Tages wieder gemeint, ›wir packen's auf ein weiteres Abenteuer. Die anderen Weiber gehen mir nur noch auf die Nerven. Und die Kinder murren auch schon: ›Jetzt wird es aber wieder höchste Zeit zum Heiraten. Wir wollen schließlich eine intakte Familie sein!‹«

Die Leiden des jungen Wärters

Um es gleich vorweg zu sagen: Beinahe hätte es mit einer Katastrophe geendet. Doch sowohl schwere Leidenschaft als auch unglückliche Liebe können heutzutage auch ohne größere Ausfälle vorübergehen. Eine sogenannte Dreiecksgeschichte beweist allerdings bis heute immer wieder ihre unbegrenzte Haltbarkeit. Genau wie die Eifersucht sind solche Phänomene unausrottbar. Sie ergänzen sich sogar. Aber diese Komplikationen können, wie eingangs schon prophezeit, zum Glück in unserer Neuzeit weitgehend auch untragisch enden.

Eher kompliziert wird es bei einer Vierecksgeschichte. Da waren nämlich Emil, der Tierpfleger, Lotte, die Tierärztin, Albert, ihr Ehemann, und Zeus, der Elefant.

Seit geraumer Zeit arbeitete der junge Wärter Emil im Tierpark Hellabrunn in München.

Tiere bedeuteten immer schon sein Leben und seine Leidenschaft. Bereits seine Eltern waren nicht nur beim Kinderschutzbund, sondern bald auch Mitglied im Tierschutzverein, wegen ihres Sohnes. Er sollte wie sie die Achtung vor aller Kreatur im Leben lernen.

Schon als werdender Mensch, fast beinahe noch Bub, absolvierte er sein Praktikum im Elefantengehege. Die Prüfung als Tierwärter schaffte der empathisch veranlagte Bub mit links. Er war einfühlsam, feinfühlend, mitfühlend, sensibel, verständnisvoll und weichherzig. Charakterzüge, die man zumindest teilweise auch den Elefanten zuschreibt.

Aber dann kam diese andere, gewaltige Liebe. Sie erfasste ihn bis in die innersten Fasern seines Daseins. Bis dahin gab es ja nur seine treuen Dickhäuter, und die beschworen nie ein ernstes Beziehungsproblem herauf. Wenn überhaupt, dann höchstens kaum. Oder untereinander.

Noch heute meint er ergriffen: »Sie kam, sah und siegte. Sie war blond, vollschlank, hoch gewachsen und hatte große, bunte Augen. Das heißt, die Farbe oszillierte zwischen Blauviolett, Nussbraun und Schwarz, je nach ihrer Stimmungslage.«

Auch Lottes Berufsleben begann zwischen all den Tieren in Hellabrunn. Aber sie war bereits auf dem Weg zur Tierärztin. Das bedeutete Distanz, und wenn diese Art der Anrede in Deutschland nicht abgeschafft worden wäre, hätte er zunächst sicher in der dritten Person mit ihr verkehrt.

Doch bald entspann sich eine gegenseitige Zuneigung. Unverständlicherweise hat sie dann überstürzt den stellvertretenden Zoodirektor, den guten Albert, geheiratet. War es Selbstschutz vor den großen

Emotionen, die heraufdämmerten? Liebte sie Emil unbewusst, aber sehr?

Unausweichlich reifte zunächst eine starke, platonisch ausgerichtete Freundschaft zwischen ihnen heran: »Lotte war meine Augenweide, und ich habe sie immer mehr geschätzt. Bald konnte ich nicht mehr schlafen, geschweige denn tüchtig essen. Es kam über mich wie eine epidemische Krankheit, der man nicht ausweichen kann. Noch dazu verbrachten wir Stunden damit, uns über die Heimat von Zeus, dem Elefantenbullen, zu unterhalten. Und er, der Dritte in unserem Bunde aus der Serengeti, schaute uns klug in die Augen und bekundete ab und zu seine Freude über diese wunderbare Freundschaft. Er trompetete zur rechten Zeit nachhaltig, um zu zeigen: Wir verstehen uns großartig.«

Da war beinahe jeder Augenblick des Lebens von unschätzbarem Wert. Unzertrennlich, wie in einer antiken Tragödie, steuerten sie aber auf den Eklat zu. Und der ließ nicht lange auf sich warten, wie das bei Tragödien sehr oft der Fall ist. Es erschien unausweichlich die vertrackte Viereckbeziehung.

Aus einem befreundeten Zoo schickte man nämlich eine prächtige Elefantenkuh, zwecks Zeugung von geplantem Nachwuchs. Denn jeder Zooverantwortliche weiß doch aus Erfahrung: Es gibt keinen größeren Besuchermagneten als ein niedliches Elefantenbaby. Allenfalls zwei Elefantenbabys.

Der glückliche Elefantenbulle Zeus erfüllte die Begattung recht ansehnlich und zur vollen Zufriedenheit. Mit Rührung standen Emil und Lotte dabei. Ihre Gefühlswelt entzog sich allmählich jeder Kontrolle. Sie hatte sogar Tränen in den Augen. Und da geschah es. Emil legte unbewusst, aber gezielt eine Hand um die dralle Hüfte und die andere auf das lockige Haupt seiner heimlich Geliebten.

Das Dumme dabei war nur, dass der stellvertretende Direktor Albert sowohl Ehemann als auch andererseits Verantwortlicher für den ausschließlich auf die Elefanten bezogenen Akt war. Und er stand natürlich als leitende Person prüfend äußerst nahe dabei. Beinahe entwickelte sich die Szene zu einer ausgewachsenen Tragödie.

Der eindeutige Vorgang brachte ihn schließlich auf die richtigen Gedanken. Unruhe breitete sich in ihm aus. Eifersucht erfasste den guten Mann und schüttelte ihn beinahe.

»Lotte«, sagte er am Abend, als das Ehepaar zu Tische saß, »was bedeutet dir Emil? Womöglich sogar mehr als ich?«

Röte stieg in Lottes Gesicht. »Was musst du auch zustimmen, dass ein Elefant solche Vorführungen bei uns geben darf! Ich verspreche dir, dass du niemals grundlos eifersüchtig zu sein brauchst!«

Albert war beruhigt: »Ich dachte schon, es nützt nichts, dass ich dich ständig mit meiner Sekretärin nervös machen wollte.«

Am nächsten Tag stellte er aber Emil vorsichtshalber doch zur Rede. Seine unumwundene Frage, hervorgestoßen aus einer zerrütteten Gefühlswelt: »Bedeutet dir Lotte mehr als Zeus, unser Elefantenbulle?«

Emil zeigte sich plötzlich verunsichert. Zum ersten Mal in seinem Leben wurden seine Tier- und dazu seine Menschenliebe gegeneinander ausgespielt. Nachdenklich erwiderte er: »Ich müsste dazu erst herausfinden, wer auf Dauer treuer und unwandelbarer bleibt. Frau oder Tier. Das kann ich aber nicht. Erstens sind Sie Lottes Mann, und zweitens hat sie nicht mich, sondern Sie aus freien Stücken geehelicht. Noch dazu haben Sie ja den stellvertretenden Direktorposten und dadurch das absolute Sagen, seit der Direktor krank ist.«

Traurig, ja recht niedergeschlagen fügte er hinzu: »Sie hat auch sogar den Doktortitel, und ich bin nur einfacher Tierwärter. Da fühlt man sich doch etwas minderwertig, auch wenn ich die Tierwärterprüfung mit Eins und Auszeichnung bestanden habe. Früher hätten wir uns vielleicht duelliert. Doch ich besitze momentan gar keine Pistole. Die müsste ich erst erwerben. So aber bleibt mir nur noch der Abschied von Hellabrunn. Morgen werde ich ein letztes Mal den guten Zeus füttern. Wir werden sehr, sehr traurig sein. Aber zu meinem Glück will ich mich eventuell überhaupt nie erschießen wie der dämliche Freund aus dem Drama von diesem Dichter und Frauenhelden namens Goethe. Ich habe dieses Buch nachdrücklich und tiefgründig gelesen. Es hat mich schwer beeindruckt. Trotzdem nehme ich es mir nicht zum Vorbilde. Auch wenn ich mich bei dieser Lektüre immer wieder fragen musste: ›Wann erschießt er sich denn endlich, damit endlich wieder Ruhe einkehren kann?‹«

Nach einer geraumen Weile fuhr er fort: »Ich gehe. Lebe wohl. Nur noch einmal in meinem Leben würde ich sie in ihrem weißen Kleide gerne sehen, wenn ich beim Anbruch des neuen Tages und in der frischen Morgensonne die Lindenstraße hinauswandern werde. Aber leider weiß ich ja, dass sie meistens verschläft. Grüße und küsse sie von mir so herzlich wie nur möglich! Und seid besonders lieb zu unserem guten Zeus.«

Freundschaftlich klopfte ihm Albert auf die Schulter: »So sei nicht gleich deprimiert. Ein anderer Zoo hat auch seine Elefanten!«

Tortur mit dem Tattoo

Beinahe alle gaben sich erstaunt, dass sie alleine zum Gartenfest erschien. Auch wenn gewisse Gerüchte in Bezug auf die Beziehung der beiden schon länger ihr Unwesen trieben – das hatte niemand erwartet.

»Jetzt waren wir neun Jahre glücklich verheiratet. Ich habe mir seinen Namen total romantisch in ein Herz tätowieren lassen. Noch dazu auf eine brisante Körperstelle. Es sollte ewig so bleiben. Das hat er mir auch hoch und heilig versprochen. Sogar vor dem Traualtar in der Wieskirche. Ich blickte megaoptimistisch in die Zukunft. Es hat mich überhaupt nicht gestört, dass er schon einmal geschieden war. Irgendwie brachte er es sogar fertig, dass wir kirchlich heiraten durften, ich ganz in Weiß. Wahrscheinlich hat er sogar den Papst persönlich um die Genehmigung gebeten. Eine renommierte klassische Sängerin intonierte dann auch das wunderbare Lied von Roy Black: *Ganz in Weiß, so tret ich vor dich hin.* Es war – ihr wisst es sicher noch – eine Traumhochzeit wie aus dem Bilderbuch. Mit ungefähr 250 Gästen. Vor lauter Glück bin ich sogar über die Treppe zum Traualtar gestolpert, weil ich Tränen in den Augen hatte. Vielleicht aber auch wegen des vielen Weihrauchs. Mein Mann und zwei Ministranten haben mich wieder aufgerichtet. Doch nun ist alles vorbei. Es gibt keinen Weg zurück, weil er bereits neue Heiratspläne mit seiner Freundin aus der Stadtverwaltung für Friedhofsangelegenheiten schmiedet.«

Es war offensichtlich: Das sonst so quirlige Girlie, das bei jeder denkbaren Gelegenheit keinen Tanz ausgelassen hatte und für gewöhnlich um sich flirtete wie Madonna in ihren besten Zeiten, war tief getroffen. Sie saß unlustig da und blickte ewig in das leere Weißbierglas hinein, als ob darin eine Hoffnung aufscheinen würde. Ihre ganze kokett-verführerische Art war beim Teufel. Sogar ihr heimlicher, aber bereits zum dritten Mal verheirateter Liebhaber war traurig, weil er nun noch vorsichtiger sein musste.

Auf dieser Party im Freien zum Ausklang der warmen Jahreszeit kam es an den Tag. Es war Ende August, die Zeit, in der man schon eine Strickjacke dabeihaben muss. Man könnte auch treffend und lyrisch verbrämt in Beziehung auf den Verflossenen sagen: Sie tanzten als stolzes Ehepaar nur neun Sommer lang. Das verflixte neunte Jahr hatte ihrer glücklichen Beziehung ein Bein gestellt.

Schnell wurde offenbar: Sie musste handeln. Und jeder riet ihr teilnahmsvoll dazu. Mühsam und schmerzhaft, sowohl psychisch als auch physisch, ist dieser Weg. Das wusste sie auch. Denn das Weglasern einer solchen Liebesbekundung mit Herz und

Namen ist unumwunden wie eine persönliche Pleite. Das wurde allen sofort, aber auch eilig klar. Wie sollte sie denn sonst einen neuen Lover mit Aussicht auf Heirat erobern? Der Markt war ziemlich gesättigt. Noch dazu hatte sie wohl bereits die dreißig überschritten, wenn sie das auch immer wieder abstritt.

Unsere frustrierte Freundin klagte uns hemmungslos ihr Leid und jammerte rückhaltlos vor sich hin. Sie hatte wenigstens für diesen Abend ein teilnahmsvolles Forum gefunden.

»Das Tattoo hat uns doch verbunden, noch mehr als die Trauringe. Im Nachhinein ist mir aber schon klar, warum er diese Prozedur für sich immer abgelehnt hat. Seine Weigerung fällt mir nun wie Schuppen von den Augen. Es war offensichtlich sein niederträchtiger Vorsatz von Anfang an. Die Freundin aus der Stadtverwaltung für Friedhofsangelegenheiten war immer schon scharf auf ihn. Anscheinend sind sie sich bei der Gräberinventur nähergekommen. Aber ich habe nicht im Traum daran gedacht, dass es so schnell beinahe doch überraschend endet.«

Wohl jeder dachte sofort an ein bestimmtes Zitat von Wilhelm Busch, aber weil es ja schon so abgedroschen ist, wollte es keiner aus dem Freundeskreis aufsagen. Doch da deklamierte sie selbst beinahe unbekümmert, wenn auch etwas betroffen: »Erstens kommt es anders, zweitens als man denkt!«

Auch ihr Verflossener war natürlich kein Unbekannter in unseren Kreisen. Seine neue Friedhofsgeliebte gab uns aber Rätsel auf. Er wollte doch sonst immer hoch hinaus. Aber wohin genau, das wusste keiner. Am wenigsten er selber.

Vielleicht kam es so, weil beide, seine Ehemalige und er, intensiv schauspielerisch tätig waren. Allerdings nur an einer drittklassigen Provinzbühne in einer der kleinsten Kleinstädte unserer näheren Hemisphäre. Da lernt man trotzdem hin und wieder andere Leute kennen und offensichtlich sogar lieben. Und siehe da: überraschend auch eine Angestellte aus der Friedhofsverwaltung.

Aber das Wort »Laienschauspieler« hörten beide sehr ungern. Auch wenn sie oft fest daran glaubten: Die Bretter, die die Welt bedeuten, hatten sie nie betreten. Die hatten sie höchstens vor dem Kopf.

Sehr schlimm für unsere Freundin war eines Tages die unangenehme Feststellung, dass aus dem Nichts einige kleinere Falten erschienen waren, sogar in ihrem sonst ebenmäßigen Angesicht. Maßnahmen dagegen schob sie jedoch immer wieder auf.

Eines muss man jedoch unumwunden sagen: Sie sah immer noch recht passabel aus und war trotz ihrer weizenblonden Mähne keineswegs als doof zu bezeichnen. Doch die ganze Trennungsmisere hatte ihr schon megamäßig zugesetzt. Bei ihren Freunden verkündete sie entschlossen und nachdrücklich: »Ich muss jetzt schleunigst Abstand gewinnen und zu neuen Ufern streben.«

Im Reisebüro dann empfahl die Expertin für alles Auswärtige und Urlaubsmäßige: »Düsen Sie nach Neuseeland, ein besonderes Schnäppchen-Preis-Angebot habe ich noch. Einschließlich Ausflügen und Maoritänzen.« Ohne längeres Brüten schlug sie zu, und drei Tage später düste sie bereits Richtung Wellington. Problemlos, ohne Schwimmweste und ohne Sauerstoffmaske, kaum so ziemlich auf der anderen Seite der Erde angekommen, sozusagen bei unseren Antipoden, kam sie vor lauter neuen Eindrücken nicht mehr so recht zum Trauern. Ausflüge, Schifffahrten, Naturparks, sogar mit Besteigungen kleinerer, wenig tätiger und mäßig rauchender Vulkane, lenkten ihre Gedanken in andere Bahnen.

Und eines schönen, aufregenden Abends mischte sich das Schicksal ins Spiel und schlug zu. Es erschien in Form eines wilden, ursprünglichen Haka-Tanzes von übrig gebliebenen Maorikriegern. Gräulich bemalte, tätowierte, weitgehend verwilderte, native Burschen taten ihr Bestes. Mit rollenden Augen, herausgestreckter Zunge und kraftvollen Verrenkungen jagten sie dem fremden Publikum einen Schauer nach dem anderen über die Rückseite. Besonders der oberwilde Anführer stieß dabei markerschütternde Schreie aus, als ob er mindestens eine der erschauernden Touristinnen samt Schmuck, Schminke und leichter, aufreizender Bekleidung verschlingen wollte. Unsere frisch Getrennte war sofort durch und durch hingerissen von der animalischen Atmosphäre, die sich unmittelbar vor ihr ausbreitete.

Nach den bravourösen Einlagen und Vorführungen setzten sich die rauen, verschwitzten Kameraden mitten unter das gemischte, dankbare Publikum, vor allem neben die jungen, weiblichen, erwartungsvollen Damen. Und wie es das besagte Schicksal so wollte, war der attraktive Anführer plötzlich und aufreizend an ihrem Tisch. Er grinste gewinnend über das ganze, dunkel bemalte und verzierte Antlitz.

Sie versuchte es auf Englisch, leider etwas holperig. Umsonst. Sodann mit einem leicht verständlichen, kurz gerafften Deutsch: »Du kommen aus Urwald? Du super tanzen und toll wild plärren!« Der geheimnisvolle, athletische Eingeborene sprach vorläufig wieder nichts. Er grinste jedoch verlangend in ihr vor Aufregung gerötetes Gesicht, und zwar durchgehend sowie ungehemmt.

Plötzlich öffnete sich sein leidenschaftlich geschwungener Mund zu folgender Information: »Du kannst mit mir Boarisch redn. I bin aus Eglfing.«

Da war sie zunächst natürlich völlig platt. Und was stellte sich heraus? Der abenteuerlustige Bajuware verdiente schon längere Zeit gutes Geld als Maori-Statist und war dank seiner Begabung für Verrücktes aller Art sogar zum Anführer der Truppe aufgestiegen.

Natürlich ging ein tiefes, hörbares Aufatmen der Überraschung durch die weit weniger deprimierte und ja nicht mehr so frisch Getrennte. Sie freute sich wieder stärker des Lebens.

Und schon griff eine vielschichtige, mehr und mehr traute Konversation um sich. Der bayerische Exote entpuppte sich alsbald als geschliffener, galanter Unterhalter, ja sogar als nicht zu unterschätzender Flirter. Und er persönlich wurde immer mehr ein stark Beeindruckter von dieser wirklich attraktiven, semmelblonden und beschlagenen Person.

Bereits am nächsten Abend waren sie wieder verabredet. Sie sehnte den ganzen lieben langen Tag die gewaltige Maorischau herbei. Und schon war der Beginn herangerückt.

Dann überschlug sich der smarte Eglfinger beinahe selbst. Er zeigte sich immer wilder, ausgelassener und kreischender, wenn er vor ihrem Platz ganz vorne agierte. Und die anderen, die richtigen Eingeborenen, ließen auch nicht gerade etwas zu wünschen übrig, wenn sie verwegen gestikulierend und schwitzend das Beste aus sich heraus holten.

Anschließend, beim etwas verspäteten Sundowner, dem englisch geprägten Dämmerschoppen, wurde die Sache immer interessanter. Es nahte sogar bald etwas Tuchfühlung.

Und da platzte plötzlich eine Meldung aus ihm heraus, die sie beinahe umgeworfen hätte: »I hab hier in New Zealand wirklich sehr guates Money eingeheimst. Mei Entschluss ist scho länger herangereift. Es geht wieder z'ruck noch Eglfing. Heimweh und so. Meine Eltern besitzen da a guat laufende Dorfwirtschaft. Die san aber schon ziemlich alt und a bissl brüchig dazua. Lang scho warten die auf a Ablösung durch ihren lieben Buam. Und so glaub i fest dran, dass wir zwei bald, oiso umgehend, miteinand den Rückflug heimwärts antreten werdn.«

Und so geschah es auch. Wie gesagt, so getan.

Es fand dann zum Abschied noch, wie man sagt, ein wirklich großer Bahnhof statt. Sämtliche drei anderen nativen Maorikrieger waren nicht nur angetreten, sondern vollführten eine dermaßen ausgelassene Abschiedsschau vor dem exklusiven Hotel, dass einige größere Kübelpflanzen und -palmen in mehrere Bestandteile zerlegt und verstreut wurden. Wehmütig und mit dem traditionellen »Hongi« ging man schweren Herzens auseinander. Dabei werden Stirn und Nase fest aufeinandergepresst. Also Abschied, aber kaum für immer. Wozu ist denn immer wieder einmal ein Urlaub da?

Noch im Flieger, hoch in der Luft über dem Stillen Ozean, hatte es die wieder aufblühende Touristin geschafft, dass der gute Eglfinger Maori ihr einen detaillierten Heiratsantrag unterbreitete. Damit waren die Karten völlig neu gemischt, und zwar für ein runderneuertes, spannendes Leben als kommendes Herrscherpaar über eine gut gehende Dorfwirtschaft in Eglfing. Auch dort gab es Eingeborene, die das neue Wirtspaar freudig erwarteten.

Schein und Sein

Es gibt Menschen, die wiederholen sich ständig und merken es nicht einmal. Oder sie wollen es nicht merken. Sie können es vielleicht gar nicht mehr merken. Und weil eventuell dann noch König Alkohol erheblich mitspielt, entartet das Ganze in einer tragischen Endlosschleife. Das jedenfalls ist der momentan entstehende Eindruck aus neutraler Betrachtungsweise bezüglich der stattfindenden Situation.

Zum wiederholten Mal erzählt der gute Mann an der Bar. Immer wieder. Alles lauscht ergriffen. Er teilt allen mit: »Meine Freundin hat eventuell jemanden angelogen. Und zwar niemand anderen als mich persönlich.«

Heftig hadert er mit seinem Schicksal. Er steigert sich. Seine Stimme hat das gewisse Tremolo, das auf tragische Erlebnisse und Traumata schließen lassen muss: »Noch ein Viertel Spätburgunder.«

Die besorgte Kellnerin weiß dazu: »Das ist jetzt das vierte Viertel. Da hättest du doch gleich einen Liter ordern können.«

Betroffen blickt der arme Mensch erst in die Runde und dann zum Fenster hinaus, bis er merkt, dass seine Sicht in das Dunkel gleich null ist. Die Stirn ist grüblerisch gerunzelt. Schwer atmend offenbart er: »Ich will die Wahrheit wissen. Es heißt doch immer wieder, im Wein ist Wahrheit. Da kann ich nicht so schnell aufgeben.«

Die Umstehenden genießen die kostenlose Theateraufführung.

Aber sie werden trotzdem gleich sozusagen noch stärker auf ihre Kosten kommen. Die Tür öffnet sich wie die Pforte zu neuen, unerwarteten Ereignissen, wie der Vorhang zum wichtigsten Akt eines Theaterstückes. Eine attraktive Frau steuert zierlich und auf sehr hohen Absätzen, aber gezielt auf den Unglücklichen zu. Sie hat mindestens eine Träne in ihren Augen.

Er wird nicht nur blasser und schrumpft etwas. Er atmet sogar noch schwerer. In Abwehrstellung schnellen seine Arme nach oben.

Dann entwickelt sich Folgendes: Die attraktive Frau holt aus und knallt dem Angetrunkenen eine Schallende. Er beutelt sich wie ein begossener Pudel. Stille ist eingekehrt. Bis auf die Musik, die unbekümmert aus den Boxen klimpert und singt: »Love is coming down.«

Sie packt seine zitternde Hand und zerrt ihn aus dem Lokal. Er wehrt sich nicht. Traurig und getroffen blickt er ein letztes Mal zurück, bevor sich die Türe ächzend schließt.

Die Kellnerin ist die Einzige, die vorschnell unruhig wird, während das übrige Publikum immer noch mit aufgesperrten Mündern und perplex bewegungslos ausharrt. Klagend wendet sie sich an die

Besitzerin: »Der hat ja jetzt nicht einmal seine Zeche bezahlt!«

Die Inhaberin weiß jedoch mehr: »Du bist neu hier, sonst wüsstest du, dass es sich hier um den Gustl, den Schauspieler, handelt. Er ist Stammgast seit der Eröffnung unseres Lokals. Und wir haben schon so viele unterhaltsame Episoden mit ihm erlebt. Viele Gäste kommen ja hauptsächlich, weil sie wissen, dass montags am späteren Abend immer seine Auftritte stattfinden. Da werden die besten Szenen aus allen möglichen und unmöglichen, derb bayerischen sowie antiken Dramen auf der Kleinkunstbühne nebenan inszeniert. Aber nicht nur dort ist er der große Star. Denn dann geht es bei uns noch zur Sache und intensiv weiter. Shakespeare, Ganghofer, Schiller, Sartre, Ludwig Thoma, Tod eines Handlungsreisenden, der Brandner-Kaspar schaut ins Paradies und wieder heraus – und was weiß ich alles. Da geht es kreuz und quer durch die gesamte Theaterwelt.«

Ein Neukunde fragt daraufhin, ob solche Theaterdarbietungen wirklich kostenlos sind: »So etwas habe ich in einer Kneipe noch nie erlebt! Da zahl ich doch gerne extra was.« Er ist zwar sehr gerührt, aber vor lauter Begeisterung und nach dem vierten Cocktail allerdings auch nicht mehr ganz nüchtern.

Die Besitzerin klärt ihn auf: »Gustl ist, wie gesagt, der anerkannte Star der Bühne, nicht nur von nebenan, sondern anschließend auch bei uns. Vom früheren, gewalttätigen König aus England, der alles umgebracht hat, was da in seiner Nähe nicht konform ging, einschließlich überflüssiger Ehefrauen, bis zum taffen Romeo verkörpert er sämtliche wichtigen Figuren aus der Theaterwelt.

Aber auch finstere Burschen aus der Unterwelt sind einwandfrei und souverän ein bedeutender, unheimlicher Teil seines breiten Repertoires. Eine Glanzrolle verkörperte er zum Beispiel als Mafiaboss Al Capone, wobei ihm allerdings nach der dritten Zigarre etwas schlecht wurde.

Als Othello, der Mohr von Venedig, eifersüchtelte er mit schwarz gefärbtem Angesicht und aggressiv über die Bühne. Er gab keine Ruhe, bis er die einfältige Desdemona um die Ecke gebracht hatte. Wir hatten direkt Angst, ob er sie nicht wirklich erwürgen wollte. Die Eifersucht sprang ihm direkt aus den Augen.

Sogar die Johanna von Orléans hat er einmal unnachahmlich strahlend und bravourös gespielt. Da war er jedoch noch zwei Jahre jünger. Die Scheiterhaufenszene führte er anschließend bei uns nach dem sechsten Viertel Spätburgunder so eindrucksvoll auf, dass ich mitten im Winter sogar die Heizung vorübergehend abstellen musste. Auch Brandblasen übermittelte er dermaßen intensiv, bis der Beginn eines Wimmerns durch das betroffene Publikum ging.

Bei der Nachlese des Dramas von Sartre *Die Eingeschlossenen von Altona* habe ich tatsächlich Platzangst bekommen. Vorsichtshalber schickte ich jemanden zur Türe, und wir haben erleichtert festgestellt, dass sie nicht verschlossen war.

Jetzt ist er wieder einmal richtig schwer verliebt. Seine neueste Flamme aus Wanne-Eickel hat

Theaterdramaturgie studiert und lässt sich auch immer etwas einfallen, um die Stücke entsprechend zu würzen. Sie weint sogar, wenn auch spärlich, wie man gesehen hat, auf Verlangen.

Die beiden sind eigentlich unzertrennlich geworden. Ihr soeben abgelaufener Auftritt bei uns war doch wieder überwältigend! Diese routinierten Mimen haben toll zusammengewirkt. Ich weiß jetzt momentan nicht, aus welchem Stück das soeben entnommen war. Offensichtlich etwas sehr Modernes. Trotzdem wie aus einer Volkstheatervorlage. Aber echter kann man eine Szene überhaupt nicht mehr spielen.«

Ein kleiner, dicker Mann in Trachtenlederhose, mit Wadlstrümpfen, etwas zu großen Haferlschuhen, Nickelbrille, grauen Koteletten und Circa-zweieinhalb-Tage-Bart wagt einen prekären, mündlich-naiven Versuch: »Können die nicht mal eine moderne Nacktszene einbauen, nur so zum Spaß?« Er wird geflissentlich überhört. Es ist ja nicht das erste Mal, dass er diesen inakzeptablen Vorschlag zum montäglichen Event hervorbringt.

Da öffnet sich die Türe erneut, und herein kommt der berühmte Gustl. Ohne seine Dramaturgin aus Wanne-Eickel. Aber selbstverständlich keinesfalls nackt. Applaus ertönt. Sogar Bravorufe belohnen sein schauspielerisches Genie. Er bestellt zunächst ein Viertel vom Spätburgunder, seinen Lieblingsrotwein, bevor er befreit durchatmet.

Dann verkündet er kleinlaut: »Diesmal hatte sie mich wirklich nicht angelogen oder gar betrogen, was sie auch immer wieder betont. Sie schwört unaufhörlich, wie sehr sie mich liebt. Und ich glaube es sogar allmählich. Ihre Verärgerung war echt, weil ich offensichtlich voll danebengetippt habe. Nun muss ich hier bei euch eine öffentliche Entschuldigung nach der Abbitte bei ihr leisten. Manches Mal können wir einfach die reale und die Theaterwelt nicht mehr auseinanderhalten.

Sie hatte anscheinend wirklich nichts mit dem scheinbar unscheinbaren Beleuchter angezettelt. Ich habe ihn natürlich sofort zur Rede gestellt. Er schwört aber Stein und Bein sowie bei seiner Ehre als Lichteffektmacher, dass er kaum an so etwas denken würde. Höchstens im Traum. Selbst bei dieser hochattraktiven, reizenden Dramaturgin aus Wanne-Eickel.«

Ein Bayer tickt anders

»Jetzt is irgendwie ois ganz anders. Gestern war's no wie früher.« Mit diesem Zitat aus einer berühmten bayerischen Fernsehserie blickt er fragend in das Gesicht seiner frisch Geschiedenen: »Kommst du noch mit? Wenn wir schon die Hochzeit so großartig und ausgiebig gefeiert haben, können wir auch die Scheidung nicht so sang- und klanglos vorübergehen lassen, oder?«

Sie verlassen das Amtsgebäude. Im Rückblick entsteht noch einmal die kurze, hektische, aber spontan-aufregende Zeit von der Hochzeit bis zur soeben stattgefundenen Scheidung. Das dauerte immerhin beinahe fast ein ganzes Jahr.

Er ist nun in mancher Hinsicht fertig: »Es ist doch etwas deprimierend, wenn man sich eingestehen muss, dass man unfähig zu einer Zweierbeziehung ist. Aber du warst ja leider auch nicht gerade kompromissbereit, wenn es drauf ankam!«

Nachdenklich, halb spöttisch, meint sie: »Vielleicht hätten wir damals gleich einen Kurs an der Volkshochschule belegen sollen. Noch dazu für mich als ›Zuagroaste‹. Ein Bayer tickt eben offensichtlich etwas anders. Die da in dieser Bildungsstätte für Oldies hätten doch bestimmt entsprechende Angebote vorrätig gehabt. Vielleicht: Ehevorhaben? Noch dazu auf Bayerisch? Geduldig und längerfristig einplanen!«

Allein der Beginn ihrer gemeinsamen Zeit hatte damals als rauschender Event eine Menge Pinke verschlungen. »Ich bin total pleite«, eröffnet er seiner kürzlich noch Angetrauten. »Aber da drüben warten schon unsere Freunde. Sie wollen mit uns die Scheidung feiern. Zwar ist unsere Seelenlage vielleicht etwas im Eimer. Aber zum Feiern ist immer noch genügend Energie vorhanden, oder?« Sie stimmt verhalten fröhlich zu.

Eine ausgelassene, lustige Bande wartet vor dem Standesamt schon auf das Paar.

Der beste Freund ist die erste Anlaufstelle und Tröster für die beiden in etwas schwereren Zeiten. Teilnahmsvoll meint er: »Was muss man auch so maßlos sein Geld bereits zu Beginn eines gemeinsamen Lebensweges beim Fenster hinauswerfen. Du bist doch nicht Gunter Sachs, und sie ist nicht Brigitte Bardot.«

Der verflossene Bräutigam entgegnet verstohlen: »Kannst du mir momentan finanziell etwas aushelfen?«

Da ist jedoch der gute Freund plötzlich sehr abgelenkt und anderweitig beschäftigt.

Dort, wo die Zweisamkeit ihren illustren Anfang gefunden hatte, in der idyllischen Event-Landgaststätte am See, findet nun auch die Schlussfeier statt. Wobei das, zumindest anfangs, etwas verhaltener, improvisiert und mit weniger Gästen als bei der Hochzeit abläuft.

Während einige herzlich gratulieren, bedauern andere das ehemalige stolze Ehepaar und seine überraschende Entscheidung. Einer entpuppt sich als vormaliger Prophet: »Bereits damals, als ich eure Anzeige ›Als Jungvermählte grüßen …‹ aus dem Postkasten nahm, habe ich geahnt, dass es mit euch nix Richtiges werden kann! Zwei Egoisten, davon ein bayerischer Eigenbrötler, unter einem Dach? Ein beschwerliches Unterfangen! Das weiß ich doch selber aus bitterer Erfahrung.«

Ein smarter junger Mann aus dem gehobenen Business meint bedauernd: »Ihr zwei habt damals ein Zeichen gesetzt mit der großartigen Feier samt zwölfköpfiger Jazzkapelle und dem herrlichen Büfett. Heute noch, nach beinahe Jahr und Tag, träume ich von den Delikatessen und den originellen Einlagen wie der Bauchtanzgruppe und dem Illusionisten aus der berühmten Fernsehshow.«

Aber nichtsdestotrotz: Es sind in der Runde auch schon wieder tapfere Paare dabei, die spontan und fröhlich eine Lebensgemeinschaft planen. Sie sprechen laut und unbekümmert von ihren demnächst stattfindenden Hochzeiten. Alle Anwesenden werden sofort und im Voraus auf das Herzlichste eingeladen. Denn die Termine der großen Ereignisse sind ja längst gebucht.

Als gelernte Psychologin redet die soeben Geschiedene den guten Leuten aus Erfahrung vorsorglich ins Gewissen: »Lasst euch diesen unseren Abschluss eine Lehre sein! Oder macht vielleicht zunächst einen Ehevertrag auf Zeit. Er muss ja nicht gleich bis zum verflixten siebten Jahr reichen. Wer weiß denn schon, was man sich da für Typen ins Haus holt! Zumindest müsst ihr neben dem Hochzeitsevent auch an eine Rücklage für eine anständige Scheidungsfeier denken. So, wie es aussieht, müssen wir für unseren Teil sogar einen Kredit aufnehmen.«

Der ehemalige Ehemann ist bereits stärker angesäuselt. Er intoniert stimmungsvoll den antiquierten Gassenhauer: »Wer soll das bezahlen, wer hat das bestellt? Wer hat so viel Pinke-Pinke, wer hat so viel Geld?«

Dann überlegt er laut: »Eigentlich müssten wir noch Anzeigen verschicken. Für diejenigen, die es noch nicht wissen: ›Als frisch Geschiedene grüßen …‹«

Nord-südliche Seilschaften

In Bergsteigerkreisen ist man ja nicht immer zimperlich mit Geschichten. Und ob sie genau der Wahrheit entsprechen müssen, kann sich jeder selbst überlegen. So verwundert es gar nicht, wenn nach mehr oder weniger abenteuerlichen Bergfahrten am Stammtisch die Fantasie und der Frohsinn etwas überschwappen. Denn der Muskelkater stellt sich ja fast immer erst nach Tagen ein. Bei solchen Anlässen neigt hin und wieder sogar der sonst eher wortkarge Bayer zu übertriebenen, manchmal sogar mehreren Sätzen.

Aber diesmal war es zunächst anders.

Ein Alpen-Neuling aus Wuppertal an der Wupper war als kühner Bergsteiger mit auf der schweißtreibenden Tour. Noch sitzen ihm die Anstrengung und ein leichtes Grauen vor abschüssigen, ausgesetzten, schmalen Steigen sowie beinahe senkrecht aufragenden Felswänden im Nacken.

Es war am hinteren, verwilderten Kaiser, dort, wo der Tourismus nie so richtig in Fahrt gekommen ist.

Schon die Anmarschwege zur Ackerlspitze brauchen ja ihre Zeit. Da muss man seine Kraft einteilen.

Im Wirtshaus wird dann nachträglich und anschließend alles easier. Unser Gastbergsteiger aus Wuppertal an der Wupper hat sich bald wieder erholt. Schon nach der zweiten Halben Starkbier ist er in unserer Stammwirtschaft der große Alleinunterhalter. Und in seinem roten Anorak mit aufgesticktem Edelweiß, der fast nach Bergwacht-Mitgliedschaft aussieht, wird er schnell Mittelpunkt im voll besetzten Raum. Umgehend entpuppt er sich als gewandter Redner und kühner Fachalpinist:

»Da sind wir doch tatsächlich in erstaunlichem Tempo vorbei an der Gaudeamushütte am Fuß der Törlspitze, munter über Stock und Stein, erst einmal über kleinere Abgründe, und dann zum Einstieg in die gewaltige Felswand hinüber. Nun ging es senkrecht hoch. Über uns die Granitfelsüberhänge (Was er nicht wusste: Im Kaiser gibt es nur Kalkgestein.) und unter uns nur gähnendes Nichts, Tiefe im Nebel und Nieselregen. Ich bin aber total schwindelfrei und war auch noch nie höhenkrank. Und schon waren wir oben.«

Dass er bereits weit unten schon am Ende seiner Kondition angelangt war und alle sorgenvolle Gesichter aufgesetzt hatten, war vergessen. Es wurde sozusagen eine Hängepartie im Fels bis zum Gipfel. Nachdem ihm dort oben heißer Tee eingeflößt worden war, war er aber fast schon wieder wirklich obenauf. Freund Johnny nahm das Gipfelbuch in die Hand. Da wusste der kühne Mann sofort: »Schreib bitte auch rein, dass Doktor Klös hier war.«

Das erledigte der Freund locker. Er dichtete für den schwindelfreien, taffen Überflieger am Berg:

Aus dem Wuppertal an einer Wupper
war der gute Mann gekommen.
Unten fand er alles super,
oben war er ganz benommen.
Eine Alpenspitze zu ersteigen,
hat er sich zum Ziel erkoren.
Weil dort sich kühne Felsen neigen,
kam die Angst aus allen Poren.

Darunter schrieb der Freund: *Achtung: Doktor Knödel aus Wuppertal an der Wupper war hier!*

Die Vorgeschichte sah so aus, dass wir auf eine kleinere Besteigung in den sogenannten Hausbergen ausweichen wollten. Denn die Wettervorhersage verhieß nichts Gutes. Doch der Gastfreund bestand darauf: »Nee, du, da machen wir schon was Scharfes, wenn ich nun schon mal hier bin!«

Und so geschah es. Die Sache nahm ihren Lauf. Zwar mühsam, aber alle waren sehr froh über den guten Ausgang.

Das sind sie immer noch, als sich nun auch die Angetraute des Wuppertaler Helden vom nahen Urlaubsdomizil ins Wirtshaus verfügt hat. Sichtlich stolz lauscht sie den Ausführungen ihres kühnen Bergsteigers: »Er war ja noch nie so richtig im Gebirge, geschweige denn auf Klettertour.«

Unser kundiger Anführer der Truppe und seine bergerfahrenen Kumpane folgen überrascht den blumigen Ausführungen. Keiner will jedoch den Redefluss des neuen Bergfreundes unterbrechen. Ich am allerwenigsten. Man soll ja später auch was Skurriles aufschreiben können.

Leise und amüsiert unterhält sich unser vom Alpenverein geprüfter Berg- und Skiführer, der Adi, mit seiner Freundin, die ebenfalls den nördlichen Gefilden unserer weiteren Heimat entstammt, über Konditionsprobleme. Sie war ebenfalls auf unserer Tour im Kaisergebirge mit dabei gewesen.

Begonnen hatte es zwischen diesen beiden vor längerer Zeit während eines Urlaubs in den Dolomiten. Sie war zwar nicht aus Wuppertal an der Wupper. Doch als sie sich damals auf der Bergfahrt kennen- und lieben lernten, hatte er beiläufig gefragt: »Wo kommst du her? Bist du aus Castrop-Rauxel an der Buxel?«

Darauf gab sie zu: »Nee, Ich bin aus Wanne-Eickel am Dorneburger Bach. Das liegt leider nur sechzig Meter über dem Meer, und ich wollte immer schon höher hinaus.«

Und so geschah es, dass sie sich mit diesem netten, etwas konservativen, ja manchmal sogar verbohrten bayerischen Menschen, dem Adi, verbandelte. Eine bessere Bergkameradin konnte man sich ja auch kaum wünschen. Das merkte der Adi sehr schnell. Im Laufe der Jahre stellte sich nämlich heraus, dass sie eine begnadete Kondition entwickelte. Die Alpen und ihre Erkundung wurden zur Leidenschaft.

Bald erfolgte auch ihre Ausbildung zur Berg- und Skiführerin. Das begrüßte der Freund natürlich. Aber weil er doch erheblich älter war, musste er leider nach und nach feststellen, dass sein Knochengerüst allmählich etwas verkalkte. Und so begab es sich, dass seine stolze Alpinistin am Gipfel hin und wieder ein paar Minuten geduldig auf ihren Geliebten warten musste. Das beeinträchtigte den Stolz des guten Freundes doch erheblich. Er sprach immer weniger und wurde sogar bockig.

Besorgt meinte sie einmal auf sonniger, steiler Höhe nach einem für ihn etwas mühsamen Gipfelsieg: »Was hast du bloß? Du bist in letzter Zeit so wortkarg geworden. Du wirst doch nicht krank sein?«

Er lehnte sich an das Gipfelkreuz und schnappte nach Luft. Noch wollte er um keinen Preis irgendeine Schwäche zugeben. Außer Atem stieß er im Dialekt hervor: »A Gams hat mich von der Seitn her fast umgrennt! Des hat Zeit kost!«

Aber natürlich wusste sie schon länger, was los war. Und auf der nächsten Bergtour blieb sie bewusst hinter ihm. Oben angekommen, strahlte er: »A guade Kondition is einfach alles!«

Von da an lernten beide so nach und nach, wie sie am besten miteinander umgehen konnten. Er vermittelte ihr in kleinen Dosen, dass das Älterwerden nicht spurlos vorübergeht. Sie zügelte ihren jugendlichen Ehrgeiz.

Die angesprochene Tour auf die Ackerlspitze hatten die beiden schon öfter problemlos hinter sich gebracht. Sie wussten aber um die Tücken, die sich im Gebirge ergeben können – nicht nur durch das Wetter. Nun war es an ihnen, den neuen Freund in seiner Euphorie zwar nicht zu sehr zu bremsen, aber doch etwas in die Realität zurückzuholen.

Für den nächsten Gipfelsturm, den der gute »Doktor Knödel« schon gleich umgehend für den nächsten Tag mit uns plante, wurde dann das Ziel um viele Hundert Meter niedriger, auch weniger ausgesetzt, veranschlagt. Und dabei blieb es. Insgeheim merkte er sehr wohl, dass bei seiner »Feuertaufe« im Gebirge nicht alles ohne Komplikationen verlaufen war.

Sein zufriedener Kommentar: »Da wollen wir doch die Gipfelglückshormone auf einem kleineren Berg ausschütten!«

Tränendrüsenschwäche

Sogar nach so vielen Jahren erkannte ich ihn gleich wieder, obwohl das Altern auch an ihm nicht spurlos vorübergegangen war. Er besaß schon graue Haare und davon nicht mehr allzu viele. Aber in seinem geschmackvollen, steingrauen, teuren Trachtenanzug aus schwerem Lodentuch wirkte er irgendwie distinguiert, soweit das bei dieser Sorte Bekleidung möglich ist. Trotzdem erinnerte er entfernt an einen Salon-Gebirgsjäger. Und zwar durch ein Charivari mit einem echten Eberzahn, der dezent an einem Silberkettchen aus der Seitentasche hervorlugte. Aber nur ganz bescheiden.

Man weiß zwar: Je älter man wird, desto weiter liegt das Geschehene zurück. In diesem Falle die Schulzeit. Aber Erinnerungen sind stark.

Er war eigentlich ein recht braver und intelligenter Schüler. Doch besonders ein Lehrer fand immer einen Grund, den armen Kerl zu tyrannisieren. Und grausam, wie Kinder so sein können, freuten wir uns jedes Mal über das gleiche Schauspiel. Der Rudi flennte bereits, wenn er von dem sadistisch grinsenden Pauker nur aufgerufen wurde. Und das geschah unter fadenscheinigen Vorwänden täglich. Da brauchte es gar keine – damals recht übliche und oft ungerechte – körperliche Züchtigung.

Ich wollte natürlich die Gelegenheit nutzen, und so lenkte ich im Laufe des Wiedersehens das Thema nebenbei auf unsere gemeinsame Schulzeit. Unvermittelt fragte ich: »Du hattest ja damals, wie man so sagt, immer sehr nahe am Wasser gebaut. Wieso eigentlich? War das vielleicht eine Tränendrüsenschwäche? Oder war die Angst vor dem sadistischen Pauker stärker als du?«

Gar nicht überrascht gestand der gute Mensch: »Schon als Kind habe ich viel geweint. Ich muss sagen, es hat mir sogar einen riesigen Spaß gemacht, weil ich damit umgehend Aufmerksamkeit erregen konnte. Im Kindergarten dann fing ich grundlos damit an, so lange und so laut als möglich, bis der ganze Kindergarten heulte. Leider habe ich es nur einmal geschafft, dass auch die Kindergärtnerin unfreiwillig ein paar Tränen vergoss. Ich glaube aber, nicht wegen mir, sondern weil ihre eigene, ziemlich verzogene Tochter auch plötzlich losbrüllte. Der ganze Kindergarten versank in Trauer, und ich merkte, dass sie, die Respektsperson, machtlos wurde. Sie konnte nur warten, bis wir alle so erschöpft waren, dass wieder Ruhe einkehrte.

Nach diesem Aufruhr der Emotionen stellte sich aber eine wunderbare Ausgeglichenheit ein. Tagelang gab es keinen Streit mehr unter uns Minis. Der

Run auf bestimmte Spielsachen war verflogen. Wir teilten sogar alles.

In der Schule dann freute sich nicht nur der sadistische Lehrer, sondern alle Klassenkameraden haben mit ihm und mir ihren Spaß gehabt. Was ihr lieben Freunde aber nicht gecheckt habt: Ich genoss die ungeteilte Aufmerksamkeit und bekam keine einzige Watschn. Die habt alle ihr erhalten. Dem Lehrer genügte meine offen zur Schau getragene, vermeintliche Ängstlichkeit vollauf.«

Nachdenklich und staunend meinte ich: »Wie ging das denn weiter? Du kannst doch nicht auch als Erwachsener, ja älterer Bursche, immer noch auf diese eigenartige Weise Aufmerksamkeit erregen? Noch dazu als Mitglied beim Trachtenverein. Ein Mann weint doch möglichst nicht. Und wenn, dann höchstens heimlich, oder? Nur Filmschauspielerinnen sollen auf Kommando heulen können. Wie zum Beispiel früher die bekannte Maria Schell. Die wurde ausgesprochen gut bezahlt für ihre zerfließenden Auftritte.«

Lachend erzählte er: »Selbst heute noch weine ich, wenn auch nur so zum Spaß. Allerdings, wie du richtig erraten hast, heimlich. Und zwar während des Duschens am Morgen. Da fällt es überhaupt nicht auf, wenn der ganze Mensch nass ist. Ich möchte doch meinen Kindern kein Beispiel als Heulsuse vermittle. Sie kennen mich als harten Guide, der sogar bayerischer Vizemeister im Judo geworden ist.«

Verwundert fragte ich: »Was sagt denn deine Frau dazu? Bist du nicht verheiratet? Oder weiß sie nichts von deinem eigenartigen Hobby?«

Nun wurde es spannend. Wir setzten uns in ein Café mit Panoramaaussicht aufs Gebirg. Zunächst schwieg er genüsslich. Nachhaltig schlürfte und schmatzte er einen feinen Spätburgunder.

»Weißt du, dass du der Erste bist, dem ich das alles erzähle? Du warst auch nie so hämisch wie die anderen Kameraden. Du hast mich sogar – das dachtest du – einmal getröstet. Das vergisst man nicht.

Ich habe später längere Zeit in einem Reisebüro in München als Betreuer für Eventgruppen gearbeitet. Ich war der Manager für besondere ›Fahrten ins Blaue‹. Und da lernt man die absonderlichsten, aber auch interessante Menschen kennen. Das ging von der chronischen Nörglerin, die unseren Bus in einen Speisewagen umfunktionierte, bis zum Psychologen, den du sonst nur aus dem Fernsehen kennst. Aber besonders ein hübsches Mädel aus Köln am Rhein fiel mir bei einem Ausflug zum Achensee stark auf. Sie hielt sich jedoch leider ziemlich abseits und nahm überhaupt keinen Kontakt mit den anderen auf.

Es war ein wunderschöner Abend, sogar starkes Alpenglühen, als sie einsam auf der Terrasse weilte und versonnen auf den See hinabblickte. Ich kam schlendernd und unauffällig näher. Da bemerkte ich plötzlich: Die weint ja! Nun war ich in meinem Element. Du kannst dir ja sicher vorstellen, dass ich als Spezialist auf diesem Gebiet sofort Oberwasser bekam. Ich postierte mich zwanglos neben ihr und sagte zunächst nix. Dann wandte sie sich mir zu, wischte sich die Tränen aus den rot umränderten, umflorten Augen und sagte: ›Das ist jetzt zu dumm von mir. Aber man kann nicht immer lustig sein, oder?‹

Ich sagte vorsichtshalber immer noch nichts. Ich wollte diese überraschende Situation nicht ungeschickt zerreden. Als sie wieder zu weinen anfing, nahm ich ihre Hand und gestand auch meinerseits: ›So lustig ist das Leben ja wirklich nicht.‹ Und – es fiel mir natürlich gar nicht schwer – ich weinte auch. So standen wir im letzten, orangefarbenen Abendschein, vereint in Tränen.

Ich erfuhr dann so nach und nach von mehreren Schicksalsschlägen, die sie seit einiger Zeit unvermittelt verarbeiten musste. Den letzten erst kürzlich. Nach München war sie gezogen, weil ihr Vater dort im Seniorenheim residiert hatte, aber leider, wenn auch in sehr hohem Alter, unvermittelt gestorben war. ›Das Leben ist immer zu kurz‹, erklärte sie schluchzend. Auf der Fahrt ins Blaue wollte sie einfach vergessen und wieder fröhlicher werden.

Das zu vermitteln, nahm ich mir fest vor, denn gerade aus der Trauer und den Tränen wächst die Kraft für unser eigenartiges Dasein. Und so geschah es, dass wir viele Gemeinsamkeiten feststellten. Nicht zuletzt meinte sie auf der Heimfahrt: ›Du bist mir sehr sympathisch, weil du auch weinen kannst. Solche Männer sind selten.‹

Nun ist sie lange schon meine Frau, und wir haben fünf lustige Nachwüchsler. Die weinen ganz wenig. Natürlich wollen sie manchmal auch damit Aufmerksamkeit erreichen. Vielleicht aber nur zur Entspannung und Verbesserung einer familiären Streitatmosphäre. Und dann weinen meine Frau und ich mit, bis sozusagen die Sonne wieder scheint und die Atmosphäre gereinigt ist.«

Ein »rostiger Nagel«

Es war eine bayerisch-preußische Freundschaft, die lange zurückreichte. Lars stammte aus einer Zeitungsverlegerfamilie, Ignaz durchlief viele Berufs- und Gelegenheitsjobs, bis er endlich glaubte, als Musiker seine wahre Berufung gefunden zu haben. Sein Instrument war die diatonische Ziehharmonika.

Als es einst darum ging, in den Künsten des grafischen Gewerbes die Meisterwürde zu erlangen, lernte der junge Mann aus Bremen nicht nur den Ignaz, sondern auch dessen Heimat, eine Kleinstadt am Rande der Alpen, kennen und lieben. Und die Vorliebe für die weiß-blaue Lebensart war geblieben.

Als er später den väterlichen Zeitungsbetrieb übernommen hatte und eine neue, gigantische Druckmaschine aufstellen ließ, verpflichtete er zur Einweihungsfeier seinen quirligen, aber auch gemütlichen Freund aus Bayern. »Du kannst gerne auch einige deiner« – jetzt wurde die Artikulation mühsam – »grü-abign musikalischen Freunde mitbringen!«

Als Treffpunkt war am Vorabend um zwanzig Uhr das Bremer Künstlerviertel, der Schnoor, fest vereinbart. Und so setzte sich der Ignaz, verstärkt durch einen Zitherspieler und einen bayerischen Musikkabarettisten, ziemlich rechtzeitig am frühen Morgen in Bewegung zum großen Event.

Als die drei schon bald darauf in einem ausgiebigen Stau auf der Autobahn kaum mehr vorankamen, begann eine ziemlich lange und mit abenteuerlichen Erlebnissen gespickte Reise.

Weil, wie gesagt, auf der Autobahn nur noch wenig vorwärtsging, nahm der Ignaz kurzerhand eine Behelfsausfahrt durch eine Kiesgrube als willkommene Ausweiche. »Mir san doch net bläd und schwitzen da drüben, oder?«

Und tatsächlich gelang es den dreien, auf Feldwegen und Bauernpfaden immer längs der Autobahn am Stau entlangzuzockeln. Und weil es doch Sommer war und heiß dazu, hatten sie das Verdeck vom alten VW-Cabriolet zurückgesetzt. Alle, selbst der Fahrer – wenn auch dieser meist nur mit einer Hand –, winkten den frustrierten Verkehrsteilnehmern drüben herzlich zu. »Hallo, Freunde der Stehbahn!«

Später gelangten sie, etwas zeitraubend, über kurvenreiche Nebenstraßen allmählich bis nach Franken hinauf. Dort gibt es heute noch viele Brauereien mit den dazugehörigen urigen Gasthöfen. Plötzlich waren die drei durch eine breite Toreinfahrt versehentlich in einem voll besetzten romantischen Biergarten gelandet.

Lange dauerte es nicht, bis sie in ihren oberbayerischen Trachten als Volksmusiker enttarnt waren.

Sie mussten, wenn auch gar nicht gerade widerwillig, ihre Instrumente herbeiholen. Und weil das Freibier recht süffig war und bis zum Abend um zwanzig Uhr noch genügend Zeit verblieb, wurde es ausgesprochen zünftig. Zum Schluss sang und tanzte der halbe Biergarten sogar noch weiter, als das klapprige Cabriolet schon länger wieder, wenn auch langsam, auf sein fernes Ziel zusteuerte.

Allmählich, der Zeitplan war sowieso nicht mehr einzuhalten, erreichten sie nördlichere Gefilde. Leider brachte es die konstante Benutzung von krummen Neben- und Seitenstraßen mit sich, dass sie zu weit östlich geraten waren.

Schon einmal in der Fremde unterwegs, musste natürlich auch noch das Kyffhäuserdenkmal im Herzen Thüringens bestiegen werden. Weil eine Gewitterfront mit bösen dunklen Wolken vor sich hin grummelte, wollte sie der Denkmalwärter nicht hinauflassen. »Da könnt ihr jetzt nicht hoch. Das ist zu gefährlich!« Es war gar nicht leicht, ihn zu überreden. Oben war es aber dann doch recht ungemütlich. Es schüttete, und gemeine Blitze zuckten knapp an ihren Ohren vorbei.

Und wieder ging es weiter, wenn auch leider nicht sehr zügig. Besonders ein magischer Ort namens Wanzleben sollte ihnen noch schwer zu schaffen machen. Kaum glaubten sie nämlich, das Dorf schon länger hinter sich gelassen zu haben, da tauchte ein Hinweisschild auf: *Wanzleben drei Kilometer.* Und ständig, wenn sie meinten, schon weit von diesem eigenartigen Ort entfernt zu sein, erschienen unerwartet neue Wegweiser in eine einzige, hypnotisch scheinende Richtung. Es waren zwar unterschiedliche Kilometerangaben, jedoch immer im einstelligen Bereich. Lange Zeit konnten sie der magnetischen Anziehung dieser Siedlung nicht entrinnen.

Ziemlich entfernt zeigte sich dann später am Horizont etwas wie eine Fata Morgana, ein wundervolles Schloss. Leider führte dann nur ein längerer, schmaler Fußweg zu dieser märchenhaften Erscheinung. Erst als sie davorstanden, stellte sich heraus: lediglich die Front stand einsam im grellen Sonnenlicht. Alles Dazugehörige war verschwunden.

Dummerweise lag auch noch der berühmte Ort mit den meisten Fachwerkhäusern von ganz Deutschland irgendwo auf der gewundenen Strecke. Der Dom mit dem grandiosen Ottonenschatz war aber leider schon geschlossen. Zeitlich gesehen hatte das immerhin einen kleinen Vorteil.

Aber irgendwann erreicht man ja fast immer einen vorbestimmten Treffpunkt. Und so kamen die drei so gegen zwölf Uhr nachts doch noch in Bremen und im Künstlerlokal, mitten im Schnoor, an. Da ging es glücklicherweise weiter hoch her. Die Vorausabteilung vom Zeitungsverlag für die Einweihung der Druckmaschine war noch mehr als munter.

Besonders eine fesche lütte Deern, eine Verwandte vom Zeitungsclan, hatte es den drei Junggesellen angetan. Sie bestimmte unwidersprochen: Zur Begrüßung gibt es jetzt erst einmal einen »rostigen Nagel«. Hier handelte es sich um ein Gesöff mit unbestimmbarer Zusammensetzung. Der wichtigste Bestandteil schien aber doch etwas Hochprozentiges zu sein. Und weil es nicht bei einem solchen blieb, wurde die

Intonation der unentwegt aufklingenden bayerisch betonten Musik doch etwas unsicherer. Die dralle Deern war aber trotzdem vom virtuos spielenden »Ziachspieler« schwer begeistert.

Der wiederum war ausgerechnet der Freiheitsliebendste von den dreien. Er hatte sich immer gebrüstet: »Heiraten? Niemals!«

Da hatte er nicht mit dieser konsequenten jungen Dame aus Bremen gerechnet.

Der nächste Tag war dann der für den großen Event auserkorene. Der Maschinensaal glänzte in weiß-blauer Dekoration. Zur Verköstigung gab es Weißbier und Weißwürste. Viele Gäste waren erschienen und freuten sich. Der Landrat, die zuständigen Abgeordneten, der Bürgermeister, der Präsident der Handwerkskammer und weitere VIPs, sogar von der Bundesregierung, wollten dem einmaligen Moment beiwohnen. Nicht zuletzt waren ja auch von Regierungsseite her Zuschüsse für die Investition geflossen. Und die lütte Dern schenkte schon wieder »rostigen Nagel« aus. Vor allem die zuständigen Mechaniker und Fachkräfte aus Augsburg, dem Herstellungsort der neuen Maschine, sprachen dem Getränk kräftig zu.

Vom Glockenjodler bis zum bayerischen Defiliermarsch reichte die schneidige Einstimmung. Und die Spezialmechaniker der Lieferfirma machten mit letzten, unsicheren Handgriffen den Weg zum ersten Anlauf der riesigen Maschine frei. Die zahlreichen »rostigen Nägel« hatten sie doch etwas aus dem Konzept gebracht. Sie waren aber weiterhin zuversichtlich.

Dann gaben sie kühn grünes Licht. Der große Augenblick nahte. Es wurde sehr spannend. Mit einem Tusch sollte das Ungetüm anrollen.

Der Tusch wurde nachdrücklich wiederholt. Dann noch drei Mal. Jedes Mal lauter! Das schwere Gerät stöhnte zwar etwas, rührte sich aber überhaupt nicht.

In die große Enttäuschung hinein meinte der Ignaz: »Vielleicht klappt es doch noch. Alle müssen jetzt ganz still sein, und wir spielen den Andachtsjodler.«

Es nützte aber nix. Die Maschine stöhnte lediglich ein zweites Mal wie ein waidwunder Hirsch.

Das war's dann. Die Prominenz verschwand so nach und nach unauffällig. Die große Feier fand trotzdem statt – zwar am Anfang noch gedämpft, aber so nach und nach doch recht ausufernd.

Die Spezialmechaniker versprachen hoch und heilig, mit etwas eigenartigem Satzbau, nicht eher zu ruhen, bis das Gerät anrollen würde. Sie lösten ihr Versprechen ein, wenn auch mit gewaltiger Verspätung.

Ein positiver Aspekt entsprang jedoch aus der Misere: Die lütte Dern hatte ihren Partner fürs Leben gefunden. Und man glaubt es kaum in unserer wandelbaren Zeit: Immer noch, obwohl die Jahre unaufhaltsam verstrichen sind und schon einige Enkelkinder umhertoben, ist das Paar noch vollständig und ohne jegliche Patchworkeinbrüche!

Wie sie es mit dem eigensinnigen bayerischen Burschen und seinen diatonischen Melodien die vielen Jahre bis heute ausgehalten hat, ist ihr spezielles Geheimnis. Aber wahrscheinlich hat hier »des Widerspenstigen Zähmung« Raum gegriffen.

Eine Überraschung zu viel

Sie war extra aus Köln angereist. So ohne Weiteres konnte sie den Flirt mit dem smarten Hans aus dem niederbayerischen Dorf nicht vergessen, auch wenn ihr sein Bierkonsum doch etwas zu hoch erschienen war. Aber sie hatte gehört, dass Bier in Bayern als Grundnahrungsmittel angesehen wird.

Die Episode spielte sich in den närrischen Tagen des berühmten Kölner Karnevals ab. Sonst hatten solche Bekanntschaften bei ihr nicht die ganz große Bedeutung, schon gar nicht zu diesem Anlass. Die unbeschwerte Ausgelassenheit ist ja geradezu ein Markenzeichen rheinischen Frohsinns. Und den besaß sie reichlich. Nichts konnte sie so leicht aus ihrer positiven Einstellung zum Leben werfen.

Doch diesmal hatte es sie richtig erwischt. Noch dazu sprach er, der ausgeglichene »Waldler«, in der ersten Verliebtheit von seinem ererbten Eigenheim, einem schmucken Häuschen in bäuerlichem Stil neben dem Hof seiner Eltern. »Da könnte man an das Wohnzimmer problemlos einen schönen, geräumigen Erker anbauen. Das ist doch für eine traute

Familie immer wieder ein heimeliger Platz, um am Abend fein zu speisen und die Erlebnisse des Tages vorüberziehen zu lassen.«

Das war es, was sie bisher vergeblich gesucht hatte: einen bodenständigen Mann mit den richtigen Voraussetzungen für eine rosige, sinnvolle Zukunft! Sie wollte nicht ewig alleine bleiben, obwohl sie um die Vorteile des Singledaseins durchaus wusste. Auch wenn er offensichtlich schon etwas älter zu sein schien, überzeugte sie seine ungezwungene, souveräne Art. Noch dazu war er als Kulturreferent recht gebildet und beschlagen. Und auch sein offensichtlicher Kinderwunsch ließ ihr weiches Herz nicht kalt. Als begeisterte Schwärmerin bezüglich der romantischen niederbayerischen Wald- und Berglandschaft erschien ihr diese tolle Perspektive besonders erstrebenswert. Und im Urlaub hatte sie die einmalige Gegend um den Berg Arber schon einmal ausgiebig erkundet.

Nun wollte sie ihn überraschen. Und zwar im Fitnesszentrum und in der Sauna, weil sie wusste, dass er dort immer am Freitagabend seine Entspannung vom Stress der Woche suchte.

Das hatte er ihr erzählt und ihr vorgeschwärmt, ja, sie sogar eingeladen: »Kommst einfach mal, dann machen wir uns anschließend einen besonders schönen Abend.«

Leider erwähnte er dabei nicht, leichtsinnig wie er manchmal war, dass sich mancher Termin doch etwas schwierig gestalten könnte.

Die Sauna war größer, als sie dachte. Sie zeigte sich angegliedert an ein Fitnesscenter mit Thermalbad.

Obwohl die noch junge Sportskanone als Schwimmerin in ihrem Verein so manche Competition gewonnen hatte und hier im Freien auch ein richtiges geheiztes Turnierbecken vorhanden war, zog es sie daran vorbei und umgehend in den Saunabereich. In Vorfreude auf ein herzliches Wiedersehen schwebte sie mehr, als sie ging. Sie folgte der Beschilderung: *Saunalandschaft.*

Wie er erzählt hatte, zelebrierte der Erkorene zu jeder vollen Stunde den sogenannten Aufguss, bei dem feine Kräuter und Duftnoten, in Wasser gelöst, auf einen Hitze strahlenden Ofen gegossen werden. Im bekömmlichen Dampf räkelt sich dann der gesundheitsbewusste Mensch, bis er die Farbe Rotglühend erreicht hat.

Gerade noch rechtzeitig erwischte sie die nächste Aufgussrunde. Tapfer hielt sie durch, bis der erlösende letzte Handtuchschlag zur Verteilung des Duftdampfes verklungen war. Nach der anstrengenden Schwitzprozedur sah sie den Angebeteten im schummrigen Licht gerade noch der großen Schwallbrause zustreben. Als er sich abgekühlt hatte, näherte sie sich ihm erwartungsvoll, über das ganze, hübsche Gesicht strahlend.

Und dann der Schock: Er grüßte förmlich, nickte und ging an ihr vorbei wie ein völlig Fremder.

Doch so leicht sollte er ihr nicht davonkommen. Sie holte ihn ein, tippte ihm auf die heiße Schulter und sagte nur: »Lieber Hans, was ist los, ich bin's doch?«

Er drehte sich um, ging ganz nahe an sie ran, und dann: »Mein Gott, das ist ja die Hella!«

Was sie noch nicht wissen konnte, war, dass er ohne seine Linsen ziemlich blind durch die Gegend lief. Doch er merkte sich immer sehr schnell seine dadurch bedingten Ausfälle. Nur ein einziges Mal war er nämlich neulich gegen die gläserne Trennwand im Duschbereich gebumst.

Sie sah sofort, dass seine Wiedersehensfreude nicht gespielt war, wenn auch eine große Portion Überraschung aus seinem ehrlichen, frischen Gesicht strahlte.

Im Ruheraum dann knüpften die beiden, abseits von Dampf und Geplätscher, wieder an ihre erste, aufregende Begegnung an. Sie freute sich schon sehr auf ein anschließendes erlesenes Speisen in tollem Ambiente. Noch zu Hause hatte sie über das Internet ein Feinschmeckerlokal in der Nähe des Fitnesszentrums ausgemacht. Leider bestand er leichtsinnig darauf, sein Zuhause im Grünen, gleich beim Wald am Dorfrand, vorzuführen. Seine Vergesslichkeit war eben nicht immer zu kontrollieren. Vor allem wenn Termine und Zufälle unverhofft aufeinanderprallten.

Vielleicht hätte er doch auf diese Vorführung verzichten sollen. Nun erwies sich noch dazu sein umfangreicher Kühlschrank als beinahe leer. Lediglich einige ältere Wurstsemmeln und eine auch nicht mehr ganz frische Essiggurke konnte er, zusammen mit Dosenbier, der leicht Enttäuschten anbieten.

Die sonst recht heimelige Atmosphäre kam leider nicht ganz zum Tragen. In den angrenzenden Räumen rumorte und werkelte eine fleißige Frau beinahe ununterbrochen. Immer wieder hatte die erwartungsfrohe Kölnerin das Gefühl, jemand würde das ganze Haus auf den Kopf stellen. »Das ist die Putzfrau. Die kann leider nur am Abend kommen«, erklärte er beruhigend.

Mitten im tiefsten, interessanten Gespräch über kulturelle Themen und neueste Theaterstücke erschien dann plötzlich ein junger Mann im Wohnzimmer. Er nahm keine Notiz von der Besucherin aus dem fernen Köln und meinte nur: »Ich bin dann mal weg.«

Die eigenartige Erwiderung: »Ich wusste ja gar nicht, dass du da bist.«

Etwas irritiert, ja betroffen, erkundigte sie sich bei ihrem Liebhaber: »Hast du vielleicht einen Studenten als Untermieter?«

Er biss in seine Wurstsemmel und tat so, als ob er sich verschluckt hätte. Die Pause drückte auf ihre euphorische Stimmung. Aber irgendwann musste er bekennen: »Das ist mein Sohn aus erster Ehe.«

Betretenes Schweigen breitete sich schwer lastend aus. Sie wusste zwar, dass er schon die vierzig überschritten hatte, obwohl er immer recht jugendlich auftrat. Doch jetzt musste er Farbe bekennen.

»Hast du denn noch weitere Kinder?«, fragte sie mit belegter Stimme.

Ob er wollte oder nicht, seine Familienangelegenheiten waren nicht mehr länger zu verbergen. Kleinlaut gestand er: »Ein zweiter Sohn hat leider schon sehr frühzeitig geheiratet. Und bis du schaust, hast du ein paar niedliche Enkelkinder. Ich wollte dir das immer schon erzählen. Aber damals waren wir im siebten Himmel, und den kann man doch nicht so einfach verlassen.«

Ungläubig und sprachlos kaute sie mechanisch auf ihrer alten Wurstsemmel herum. In diesem Moment erschien die Putzfrau in der Tür: »Ich bin dann auch mal weg. Aber dass du mir nicht wieder so viel Unordnung wie heute hinterlässt!«

Und, schwupp, entfleuchte die gute Frau ohne Gruß, ohne irgendetwas sonst zu melden.

Nun war es an ihm, auf der doch ziemlich zähen, betagten Wurstsemmel herumzukauen.

Hella war aufgestanden. Sie schüttelte ungläubig den Kopf. »Da bist du ja schon mehrfacher Großvater!«

In diesem Augenblick erschien die Putzfrau erneut und warnte: »Vergiss unseren Scheidungstermin am Montag nicht!«

Ein unentbehrlicher Ratgeber

Neuigkeiten und solche, die welche zu sein scheinen, sind immer mehr gefragt. Die ganze Welt lechzt süchtig nach Informationen aller Art. Immer schneller und nachhaltiger kreist das Karussell des Datenhighways. Sogar in der Provinz kann gar nicht genug Neues konsumiert werden. Auch wenn es sich nur um eine dämliche Mitteilung des Teenagers oder der Teenagerin handelt, welcher Klassenkamerad heute wieder gemobbt werden soll.

Aber auch sogenannte Erwachsene meinen heutzutage schon, ohne so ein Alleskönnerding, dieses Tausendsassagerät, nicht mehr weiterleben zu wollen. Sie beugen ihr Haupt oft stundenlang und fast überall, bevor sie manchmal gerade noch einem Laternenpfosten ausweichen können – oder auch nicht mehr. Tapfer ignorieren sie die Angst vor einer Wirbelsäulenverkrümmung.

Deshalb hat der Siegeszug der virtuellen Multifunktionsmaschinen nicht nur die nachwachsende

Bevölkerung spielend und wischend erobert. Selbst Greise im Seniorenheim starren hin und wieder verwirrt auf den kleinen Zauberbildschirm und schütteln dann mehrmals ihren grauhaarigen Kopf.

Dabei gibt es aber glücklicherweise immer noch eine andere, perfekte, menschlich und persönlich arbeitende Quelle für Ereignisse aller Art – zumindest für lokale und weniger bedeutende.

Neulich, und zwar bei meinem Friseur, zeigte sich das wieder besonders deutlich. Er wird auch Heiligenbader genannt, weil alle Gespräche verstummen müssen, wenn die Kirchenglocken aus unmittelbarer Nähe ihren dominanten Ton erschallen lassen. Nach minutenlangem unfreiwilligem Schweigen wird in so einem Fall der abrupt unterbrochene, interessante Gesprächsfaden wiederaufgenommen. Nicht nur, dass der Meister der Kopfveredelung selbst ein erstaunliches Lexikon und eine wie geölt arbeitende Auskunftei ist. Auch die Stammkunden wissen sehr wohl, was sie an ihrer Börse für Neuigkeiten und Kuriositäten haben. Sie tragen gerne nachhaltig und tiefgründig dazu bei, die wichtigsten Ereignisse aller Art schnellstens zu verbreiten. Sei es Politik aus erster oder zweiter Hand oder vom Stammtisch, seien es Intimitäten aus der unmittelbaren Nachbarschaft oder aus erlauchten Königshäusern – immer will man doch genügend informiert sein! Das führt dann schon dazu, dass man viel öfter als nötig sein Haupt der Schere des Haarkünstlers freigibt, nur um auf den neuesten Stand der Dinge gebracht zu werden.

Auch wenn dabei »viel Lärm um nichts«, ja überwiegend sogar sogenannter Schmarren freigesetzt wird, entstehen hin und wieder eigenartige Dialoge, die an den Grundfesten der Intelligenz zweifeln lassen könnten.

Ein ziemlich normal aussehender Stammkunde mittleren Alters und ohne auffällige Symptome wird nach abgeschlossener Prozedur gefragt: »Na, bist du wieder zufrieden mit meinem Werk der Veredelung, passt der Haarschnitt? Recht so?«

Der Betroffene prüft ziemlich lange seinen ausladenden Hinterkopf im vorgehaltenen Spiegel. Dann sagt er bestimmt: »Hinten passt's, aber seitlich bitte etwas länger!«

Da ist selbst der wortgewandte Friseurmeister zunächst sprachlos. Aber dann kann er gerade noch hervorstoßen: »Hast du nicht gesagt: ›Alles ganz kurz schneiden?‹, oder habe ich das geträumt?«

Zu Hause am Mittagstisch angekommen, will sich der Haarkünstler angesichts seiner vielseitigen und unvorhersehbar anstrengenden Tätigkeit bei seiner weisen Angetrauten Rat holen.

»Mahlzeit! Du weißt auch, dass ich nie auf den Mund gefallen bin, wenn ich in Gespräche aller und noch so ausgefallener Art verwickelt werde. Ich habe mir im Laufe der Zeit sogar einen gewissen Ruf als schlagfertiger Mensch und beinahe Alleswisser erworben. Es gibt so gut wie kaum mehr einen blöden Menschen, der mich aus der Fassung bringen könnte. Aber hin und wieder bin selbst ich am Ende meines Lateins angelangt. Dann ist sozusagen auch das Ende der Fahnenstange mehr als erreicht.«

Und so erzählt er wortwörtlich die eigenartige Story mit der schwierigen Haarverlängerung.

Und wieder, wie so oft, steht die gute Frau ihrem eingeborenen Kopfveredeler, bodenständigen Böllerschützen, Feuerwehrkommandanten, Zweiten Bürgermeister, Gewerbeverbandsvorsitzenden und Gemeinderat gerne bei, wenn er nicht mehr so recht weiterweiß und am Leben mehr oder weniger verzweifelt. Und wieder einmal stellt sich heraus, dass er mit seiner lieben Frau einen tollen Griff getan hat, dass sie in allen Lebenslagen eine treue, wichtige Beraterin ist und ihn sicher durch schwere und leichtere Klippen im Meer des Daseins und der Unwägbarkeiten steuert. Ja, sie ist wirklich unentbehrlich geworden, wenn ihr Ehegespons an der schieren Verzweiflung nagt!

Ihr Ratschlag kommt postwendend und wie aus der Pistole geschossen sowie souverän daher: »Wenn der gute Mann wieder eintrifft und nach deiner redlich getanen Arbeit seine Birne mit dem dämlichen Hinterkopf im Spiegel betrachtet, dann erklärst du bestimmt: ›Diesmal habe ich zum gleichen Preis seitlich so viel länger gelassen, als es beim letzten Mal zu kurz war.‹«

Von Menschen, Rennkamelen und Verwandten

Der Mensch ist ja von Haus aus ein Herdentier. Meist unbewusst sucht er ständig nach Anerkennung von seinesgleichen. Sei es im Kindergarten, sei es in der Schule – aber zunächst vor allem in der Familie. Oft ist diese – gerade in unserer mobilen Welt – nicht nur recht unpersönlich geworden, sondern auch ziemlich verstreut. Das geht gar bis in ferne Länder, ja Kontinente. Ich weiß von Freunden, die von ihren Verwandten sogar Post bis aus Neuseeland oder Südafrika bekommen. Manchmal wird deren Schreibweise und fernmündliche Sprache immer eigenartiger.

Aber einer der Hiesigen ist darunter, der hat nicht nur seine Wurzeln im ländlich-oberbayerischen Hinterland bei den größeren und kleineren Seen, sondern beinahe sein gesamter Familienclan dachte nie daran, die idyllische Hügellandschaft zu verlassen. Nur wenige wagten es kühn, einige Dutzend

Kilometer, etwa bis Niederbayern oder in die Oberpfalz, auszuwandern. So viel einzigartige Natur mit Wald, Moor und Wasserlandschaft findet sich ja kaum woanders als auf der bekannten Chiemgauer Seenplatte. Wobei ein so beeindruckendes Gewässer wie der Chiemsee statt seiner üblichen allgemeinen, kleinlichen Bezeichnung einen gewaltigeren Namen verdient hat. Der stolze Einheimische, nicht nur der Insulaner von der Fraueninsel, spricht daher angesichts der umfangreichen Wasseransammlung gerne vom »Bayerischen Meer«.

Der tief traditionsverbundene Freund, wohnhaft im angrenzenden Hinterland, hatte nun endlich seine gesamten näheren und etwas weiter verwandten Angehörigen zu einem zwanglosen Familientreffen eingeladen. Angedroht wurde die Veranstaltung schon seit vielen Jahrzehnten. Inzwischen alterten die guten Leute schleichend vor sich hin, und nagelneue Kinder wuchsen unaufhaltsam heran. Sie bewegten sich zusehends in die Höhe.

Eine passende Terminfindung – das weiß jeder – ist aber in unseren Tagen schwer, da doch immer wieder weit wichtigere Dinge Vorrang haben müssen. Vor allem die Rentner aus der Verwandtschaft werden zwar immer mehr, haben am wenigsten Zeit. Auch wenn sie oft nicht mehr genau wissen, wofür.

In der Dorfwirtschaft des ursprünglichen familiären Wurzelgeflechtes sollte der große Event stattfinden. Immerhin hatte sich die Sippschaft gewaltig vermehrt, wie das in ruhigeren, krieglosen Zeiten und in freier Entfaltung im wahren Glauben immer schon so war. Dass dabei unter anderem ein nicht ganz den Grundsätzen der Einehe entsprechender Nachwuchs entstanden war, spielt heute keine große Rolle mehr.

»Ich selber bin ja auch ein uneheliches Kind«, gestand der Einladende großzügig. »Damals war ich zwar schon der ›Bankert‹, wie solcher Nachwuchs früher abfällig bezeichnet wurde. Aber weil es im Dorf unheimlich viele solche Kinder gab, konnten sich die Bewohner gegenseitig nur ausnahmsweise moralisch beschuldigen. Selbst der Herr Pfarrer hielt sich manchmal zurück, munkelte man doch so einiges über seine heimlichen Kinder. Trotzdem wetterte er öfter und eindringlich von der Kanzel herab, dass Mann sich der verdächtigen Weiber enthalten soll. Es nützte so gut wie wenig. Wohlweislich enthielt er sich aber solcher Worte wie ›Bankert‹ oder ›Hurenkind‹, auch wenn er seine Fehltritte als von höherer Warte aus begangen entschuldigen konnte.«

Die zahlreich erschienenen Angehörigen hatten sich nach und nach in der traditionellen, idyllischen Dorfwirtschaft eingefunden und staunten nicht schlecht, wie weit sich das Aussehen der Leute doch verändert hatte. Viele Ratespiele griffen um sich: »Ah – bist du nicht die …?« Wobei man sehnlichst auf die Ergänzung des vergessenen Namens wartete. Oder: »Gell, du heißt Martl, der von Haindorf oben? Oder bist du vielleicht der Xare, sein Bruder?«

Manchmal stimmten die Zuordnungen, oft auch weniger oder überhaupt nicht. Jedenfalls kam man sich auch nach so vielen, wahnsinnig schnell vergangenen Jahren schnell wieder näher. Schließlich war man ja immer noch verwandt, oder?

Doch plötzlich stockte die lautstarke, herzliche Unterhaltung zum neuerlichen Kennenlernen jäh. Die schwere Eichentüre war wieder einmal aufgegangen, was ja nichts Ungewöhnliches ist. Aber diesmal schon. Eine jüngere Frau mit tief sitzendem, finsterem Kopftuch und schwarzem Wallegewand betrat feierlich-muslimisch die bayerisch-historisch eingerichtete Stube. Eigentlich erinnerte sie stark an eine Nonne aus dem nahe gelegenen Kloster. War sie aber keinesfalls.

Noch atemberaubender gähnte dann die Stille nach ihrer lauten, unbekümmerten Frage: »Habts ihr da noch an Platz für mich frei?«

Ängstlich rückte man zusammen. Nur der Freund, der alle zusammengeführt hatte, wusste Bescheid: »Des is de Witwe vom Girgl, der wo damals als Inschenör in Saudi-Arabien gwesn is«, stellte er die exotische Frau vor.

Erleichtert, wenn auch immer noch misstrauisch, wurde sie nun vorsichtig in den trauten Kreis aufgenommen. Vor allem ihre offenkundig nach bayerischem Dialekt klingende Aussprache milderte das Fremdartige sehr.

Der Girgl hatte viele Jahrzehnte im Morgenland als leitender Ingenieur für eine innovative bayerische Rüstungsfirma gewerkelt. Und wie das so passieren kann, gründete er zwar keinen Harem im fernen Orient, hatte aber doch ein Girl aus einer Allah und Mohammed hörigen Sippschaft erkoren. Genau genommen war es umgekehrt: Die hübsche Fatima konnte sich, zwar nicht ganz mühelos, aber auf muslimisch-schlauen Umwegen, den kräftigen christlichen Burschen aus Oberbayern angeln. Bis dieser nicht mehr ganz junge Vertreter unseres Abendlandes an einem Morgen im vorigen Jahr das Zeitliche segnete, hatte sich die zarte Wüstenblume meist im Lande ihrer Väter mit den Kamelen und Ölquellen aufgehalten.

Aber nun saß sie unter ihren angeheirateten Verwandten, und bald war das Eis vollends gebrochen. Nur die Tante Wally meinte immer noch skeptisch: »Konnst jetzt du net des komische Kopftücherl a bissl lüftn! Des is so mohammedanisch, unheimlich!«

Aber die souveräne Fatima war solches Misstrauen schon länger gewohnt und kostete das richtig aus. Freimütig schilderte sie, wie schwierig es doch damals war, einen Ungläubigen in ihre Familie einzuschleusen. Noch dazu hatte sie heimlich Deutsch oder vielmehr Bairisch gelernt und war verbotenerweise im Hof mit einem Fahrrad umhergefahren, das der Girgl aus Germanien mitgebracht hatte. Eine weibliche Frau auf einem Drahtesel – das war in vielen Ländern der aufgehenden Sonne schwerstens verpönt! Auch auf einem Rennkamel wurde bisher keine echte Frau gesichtet.

Glücklicherweise führte ihre Mutter nicht nur das Regiment im gesamten Clan, sondern war schon öfter als aufmüpfig und für mehr Gleichberechtigung kämpfend aufgefallen. Im Familienkreis wurde sie immer wieder ohne Kopftuch, mit sexuell aufreizenden, langen Haaren gesichtet. Die Tochter: »Anfangs wären wir beide, der Girgl und ich, fast des Landes verwiesen worden. Sogar meine gute Mutter bekam

Schwierigkeiten.« Denn das war natürlich ein schwerer Dorn im Auge der Koran- und Muselmänner.

Nach einem längeren Aufenthalt in Bayern und mit inzwischen geknüpften Beziehungen zu einem einflussreichen arabischen Scheich konnte dann endlich die Verbindung legalisiert werden.

Der Scheich war ein entfernter Verwandter. Er besaß fünfzig Rennkamele und drei Frauen. Das war ein sehr fortschrittlicher Mann. Einmal ließ er sogar seine Lieblingsfrau in der Wüste, als niemand in der Nähe war, ein Stück mit seinem Porsche fahren. Sie zeigte sich aber recht ungeübt und hätte beinahe ein Rennkamel gerammt. Der westlich-liberal orientierte Scheich verhandelte immer wieder geschickt mit den zahlreichen einschlägigen Lobbyisten aus Germanien, wenn es sich um wichtige Geräte wie Leopardpanzer oder sonstige Spezial-Vernichtungs-Ware für sein Land handelte. *Made in Germany* ging ihm über alles in der Welt, vor allem, was das Rüstungswesen betraf. Da wusste er ganz genau, wie viel Erfahrung doch in diesen Präzisionsteilen steckte.

Für Fatima zeigte sich das Leben im reichen Ölstaat auch nicht gerade einfach. Der Girgl hatte ihr aber Männerkleidung besorgt, und mit einem Kurzhaarschnitt verkörperte sie täuschend echt einen Vertreter der westlichen Herrenrasse, wenn es um den Besuch eines Fußballspiels ging. Auch sonstige Veranstaltungen, bei denen in Arabien die Anwesenheit des weibliche Geschlechts nicht vorgesehen ist, konnte sie nun anstandslos aufsuchen.

Bald nahm sie sogar recht ungläubig-westlich anmutende Allüren an. Für den Girgl war das Dasein nicht mehr so einfach. Der Bayer bekam die Aufmüpfigkeit seiner lieben Angetrauten immer stärker zu spüren. Heimlich dachte er schon manchmal: »Wie gut hat es doch der Scheich mit seinen folgsamen drei Frauen und seinen domestizierten Rennkamelen!« – Aber das blieb tief in seinem lauteren bayerischen Herzen verschlossen.

Doch zurück zum Familientreffen. Inzwischen war Fatima zum sensationellen Mittelpunkt des frohen Festes aufgestiegen. Im historischen Dorfwirtshaus, unter all den schlichten, herzlichen Verwandten, war sie schnell zum Star erkoren worden. Ihre exotischen Erlebnisse aus vielen Tausend Tagen und mehr als einer Nacht im Morgenland hatten großes Interesse geweckt. Sie war ja schon als aufgewecktes Kind in dieser abgelegenen, sonnigen, eigenartigen Gegend geboren worden.

Vor allem die einheimischen, bodenständigen Frauen aus unserem Kulturkreis staunten nicht schlecht über die kernigen philosophischen Ansichten der Araberin, wie zum Beispiel: »Man muss die Männer nehmen, wie sie sind, auch die aus Bayern. Aber man darf sie keinesfalls so lassen. Ein gutes Rennkamel muss gezähmt und eingeritten werden.«

Vielleicht war der Girgl deshalb in seinen letzten Lebensjahren so zurückhaltend und fast schwierig geworden?

Langsam, vorsichtig zogen sich die männlichen Verwandten zurück, weil ihnen das schlagfertige Wüstenkind etwas unheimlich geworden war. Sie nutzten den bewährten, unverfänglichen Vorwand: »Wir spielen im Nebenzimmer Schafkopfen.«

Nachdem die Tante Wally schon mehrfach ihr Weinglas geleert und sich zur besseren Verdauung auch noch einen doppelten Birnenschnaps bestellt hatte, konnte sie es nicht lassen: »Jetz is es aber recht warm wordn da herin. Kannst du net dein Kopftücherl runtertun?«

Und zur Überraschung aller nahm die Fatima nicht nur das Kopftuch ab, sondern entledigte sich auch noch ihres schwarzen Walleumhanges. Die eloquente Person hatte sich umgehend in ein verführerisches, ansehnliches Weib verwandelt.

Stark amüsiert lachte sie: »Habe ich euch doch einen gehörigen Schrecken eingejagt! Mit der Verkleidung ist offensichtlich nicht nur die gute Tante Wally total durcheinandergekommen. Hier in Deutschland, ja sogar in Bayern, kann ich mich immer wieder frei und uneingeschränkt bewegen. Vor allem, wenn ich meine Muslim-Utensilien ablege und damit kein Aufsehen errege.«

Die beschwipste Tante aber zeigte sich sehr erleichtert und registrierte etwas, was bei ihr bis heute nachwirkt: dass selbst aus dem Orient plötzlich eine völlig neue Orientierung kommen kann.

Staubfrei

»Ich kann sagen: Ich bin staubfrei aufgewachsen. Meine Mutter und ich leben in einem staubfreien Haus in staubfreier Gegend am Bayerischen Meer. Da zieht auch immer frische, staubfreie Luft von den Bergen über den Chiemsee herüber. Warum mein Vater verschwunden ist, als ich noch sehr jung war, kann ich nicht verstehen. Eine bessere Frau könnte man doch nicht finden.«

Der Psychologe schwieg lange. Er wusste zwar aus Erfahrung: Die erste Sitzung mit einem Muttersöhnchen und Zwangsneurotiker braucht viel Geduld. Aber diese hatte er heute aus bestimmten Gründen überhaupt nicht. »Wohnen Sie immer noch bei ihrer Mutter? Sie haben doch schon graue Schläfen und führen einen ziemlich großen, renommierten Betrieb. Haben sie nie daran gedacht, Selbstständigkeit auch privat auszuleben? Oder zu heiraten?«

»Meine Mutter ist die beste Frau der Welt. Sie liest mir jeden Wunsch von den Augen ab. Ich glaube, ich könnte nirgendwo angenehmer leben. Ich bin so froh, dass bei uns diese Sauberkeit herrscht. Da haben Bakterien oder gar Hausmilben keine Chance. Bei uns könnten Sie tatsächlich alles vom Boden aufessen, wie man so sagt. Wir haben einen tollen Turbostaubsauger aus Amerika. Der hat eine dermaßen hohe Saugkraft. Da muss man aufpassen. Alles, was nicht niet- und nagelfest ist, reißt der mit. Unser Tischstaubsauger ist auch unentbehrlich. Nichts ist schlimmer als Brösel. Da kommt sofort das Ungeziefer anspaziert. Oder Spinnen. Meine Mutter bekommt einen Schreikrampf, wenn eine auftaucht. Oder Fliegen. Da weiß man ja, dass die schreckliche Krankheiten übertragen. Bei uns haben die nichts zu lachen. Einmal habe ich einen jungen Hund nach Hause gebracht. Der war aber noch nicht stubenrein. Am nächsten Tag schon brachte ihn meine Mutter ins Tierheim. Aus heutiger Sicht kann ich nur sagen, dass sie vollkommen recht hatte. Ordnung und Sauberkeit sind doch die Errungenschaften der menschlichen Kultur. Und: Meine Mutter kocht fantastisch. In den Gasthäusern weiß man ja nie, wie es in der Küche so zugeht! Immer wieder hört man doch, was die Gewerbeaufsicht alles beanstanden muss. Da kann einem schon übel werden.«

Nachdem der Redeschwall abgeklungen war, meinte der Fachmann für psychische Angelegenheiten ungeduldig: »Wie steht es mit Frauen? Hatten Sie nie den Wunsch, eine kennenzulernen? Sie können doch nicht ein Leben lang bei ihrer Mutter wohnen. Waren sie noch nie verliebt? Und ich meine jetzt nicht in staubfreie Räume, Turbostaubsauger oder

Hausfrauenkost der lieben Mutter. Sie müssen sich abnabeln. Normalerweise geschieht das bereits in der Jugend. Sie sind sehr spät dran!«

»Doch, ich war schon einmal stark verliebt. Vielleicht bin ich es immer noch. Das war auf einer Tagung in Bremen. Eine hübsche, wunderbare Managerin aus der Autobranche hatte es auf mich abgesehen. Ich werde die sonnigen Ausflüge im Cabrio mit aufregendem Picknick niemals vergessen können. Aber was soll ich sagen? Ich bekam Angst. Sie ließ jedoch nicht so schnell locker. Sie verfolgte mich und erschien unverhofft bei uns zu Hause am Chiemsee. Anscheinend war ich ihr auch nicht ganz gleichgültig. Sie hatte einen Begleiter dabei: einen ganz lieben weißen Hirtenhund. Es war so einer, wie ich ihn damals als Bub mit nach Hause gebracht hatte. Nur viel älter und stubenrein.«

»Da wird aber Ihre Mutter nervös geworden sein, oder? Sie kann doch nicht ihren armen Buben so einfach einer Konkurrenzfrau überlassen, die weder Staub noch Milben hasst. Noch dazu mit Hund! Und die vielleicht gar in x-beliebigen Gasthäusern genüsslich speist, ohne an das Gewerbeaufsichtsamt zu denken.«

»Da täuschen Sie sich aber gewaltig. So liebenswürdig ist sie sonst nicht einmal zu mir. Es gab ein Galadinner zum Abend, und sie holte den teuersten Wein aus dem Keller, den wir sonst nur zu Weihnachten genießen. Irgendwie bekam ich heraus, dass der gute Tropfen noch von meinem Vater stammte. Und der muss viel verstanden haben von Weinen. Eisweinauslese! Er mundete vorzüglich. Ich habe meine

Mutter noch nie mit solchen Engelszungen reden hören. Sie war die Liebenswürdigkeit in Person. Nur der Hund musste im Freien bleiben. Sie hat die gute Freundin mit Nettigkeit dermaßen überhäuft, dass die überhaupt nicht zu Wort kam, obwohl sie als Managerin sehr in Redekunst geschult ist. Ich kam auch nicht zu Wort, obwohl ich dauernd etwas sagen wollte. Zum Beispiel dass sie mir sehr gefällt und dass ich auch gerne so einen Hund hätte. Aber meine Mutter erstickte jeden Ansatz im Keim. Sie werden jetzt merken, dass ich mich sehr unbeholfen und tölpelhaft benommen habe. Jawohl, da haben Sie recht. Denn meine Traumfrau ist noch am gleichen Abend sang- und klanglos abgereist. Noch dazu ziemlich betrunken. Ich weiß nicht einmal, ob sie heil nach Bremen zurückgekommen war. Jetzt träume ich davon, wieder Kontakt mit ihr aufzunehmen. Aber das kann ich meiner Mutter nicht antun. Sie war ja wirklich herzlich, supernett und zuvorkommend. Sie hatte sicher recht damit, mir zu zeigen, wie lieb man mit Menschen samt Hund umgehen kann. Aber man weiß ja nie, ob da ein Zusammenleben möglich wäre. Wir haben nie wieder darüber gesprochen. Ich merke, das können Sie nicht verstehen.«

»Doch, das kann ich. Nicht nur von Berufs wegen. Ich gebe dir jetzt anschließend einen Rat. Und wenn du den befolgst, kannst du wieder bei mir antanzen. Dann würde ich mich sehr freuen. Grüß auf alle Fälle deine Frau Mutter herzlich von mir. Ich war nämlich mit ihr verheiratet, und wenn mich nicht alles täuscht, bist du mein Sohn. Sie hat dir sicher nie etwas über deinen Vater erzählt. Vor allem nicht, dass ich es vor lauter Staubfreiheit, Bakterienvernichtung und Spinnenangst nicht mehr zu Hause ausgehalten habe. Auch ich hätte gerne einen Hund gehabt. Das hat sie mir gründlich verboten. Aber wie der Zufall so spielt und das Schicksal auch, bist du bei mir aufgetaucht. Ich nehme das als höhere Fügung und möchte dir von Herzen gerne helfen. Deine Mutter hat jede Kontaktaufnahme zu dir mit erpresserischen Methoden unterbunden. Sie weiß nämlich von meiner Verwicklung in eine Steuerhinterziehungsgeschichte. Und ich war so feig, mich nicht zu stellen. So, und jetzt mein Rat: Du lässt alles stehen und liegen und fährst umgehend nach Bremen. Sofort! Was deine Freundin kann, kannst du auch. Du überraschst sie und sagst ihr laut und deutlich, dass du sie liebst und mit ihr zusammen sein willst. Samt Hund. Stürze dich endlich in ein spannendes Abenteuer! Speise in einer vergammelten Wirtschaft! Und sollte diese hübsche Managerin auch eine hypochondrische Mutter haben, oder einen Vater, der Steuerhinterzieher ist, dann haust du auf den Tisch und setzt dich durch. Und falls du aus Versehen auch einmal Steuern hinterziehst, mach es entweder so geschickt, dass es niemand merkt, oder gib es zu. Das rate ich dir jetzt als dein Vater und sogar als Psychologe. Und jetzt fahr umgehend los!«

Planet der Affen

Schon als ziemlich jüngeres Kind war er ein sensibler Einzelgänger. Erkundigten sich die lieben Verwandten oder bekannte Besucher bei dem versunken mit Legosteinen spielenden Maxi »Wünschst du dir noch ein Brüderl oder ein Schwesterl?«, so dachte er zunächst lange nach. Als dann die guten Leute gar nicht mehr mit einer Antwort des Buben rechneten oder vielleicht schon ganz woanders waren, kam aus tiefster Seele die verblüffende Antwort: »Gar nix so was, lieber ein Hundi!«

Und später dann, da war er schon ein fleißiger, überdurchschnittlicher Sonderschüler im vierzehnten Lebensjahr, wollte man wissen: »Was bauen wir denn da aus Legosteinen?« Wie selbstverständlich erklärte er den verdutzt Horchenden: »Ja, was denn scho, des ist mein Traum von der letzten Nacht!« Es war aber niemand imstande, das verworrene, abstrakte Bauwerk in irgendeiner Richtung zu deuten. Nur die gute Mutter erkannte das eigenartige

Gebilde sofort: »Ja, das ist ja ein richtiges Traumgebäude, das sieht man doch sofort!«

Noch später verblüffte er dann nicht nur seine Sonderschullehrer, nein, die ganze Verwandtschaft staunte über seine plötzliche Mutation zum aufkeimenden Intelligenzbolzen. Intensiv befasste er sich vor allem mit der breiten, unergründlichen Fauna unseres Planeten. Jenes berühmte, fundamentale Buch *Brehms Tierleben* kannte er plötzlich von hinten bis vorne total auswendig. Einzig und allein das bayerische Untier Wolpertinger, das bereits als Kind seine Fantasie stark angeregt hatte, war hier nicht aufgeführt.

Er war zwar kein Menschenfeind geworden, seine Liebe zu Tieren aller Art manifestierte sich jedoch immer stärker. Vor allem hatten es ihm die Primaten angetan. Und als er erfuhr, dass der Mensch, sogar der Bayer, laut biologischer Kategorisierung zu den Trockennasenaffen zählt, kannte sein einschlägiger Wissensdurst keine Grenzen mehr. Er wusste immer genauer, wo wir alle herkommen und wie das so mit unseren Vorfahren aus grauer Vorzeit gelaufen sein könnte.

Da ihm aber ein Haustier zunächst verboten wurde und wilde Tiere nicht so leicht erreichbar waren, geschweige denn ein Affe, verbrachte er viele freie Stunden im Tierpark von München, seiner Heimatstadt. Seine privaten, autodidaktischen Studien über Reaktionsverhalten sowie Ähnlichkeiten in Körperbau, Hirnhirnfunktion und den Ausdrucksgrimassen unserer allernächsten Verwandten erreichten eine gewisse, doch schon recht wissenschaftliche

Eigenständigkeit. Die gesamte Reihe der bis heute bekannten Urzeitmenschen mit dem Vornamen *homo* durchforstete er anhand aller erreichbaren Werke und Dokumentationen.

Umgehend bemerkter er auch, dass die Gepflogenheit des gegenseitigen Entlausens eine bahnbrechende Art sozialen Verhaltens darstellte. Sie hatte längst die Evolutionsstufe des Neandertalers und sämtlicher *homo*-Leute hinter sich gelassen. Leider ist durch den moderneren Menschen und durch sein krankhaftes Hygienebedürfnis die Laus weitgehend ausgerottet worden. Diese vermeintliche Errungenschaft hinterlässt aber eine körperfeindliche Lücke. Die herzliche, friedliche Annäherung an höherstehende Mitgeschöpfe wurde dadurch abrupt unterbunden. Seine logische Schlussfolgerung: »Ob das nicht unter anderem auch die verheerende Ursache immer wieder eintreffender Kriege sein könnte?«

Der souveräne Maxi bewies interessanterweise durch Versuche unumstößlich, dass Primaten, also Menschenaffen, sowohl verschmitzt als auch lauthals lachen können.

Freilich reagierte so mancher Besucher besorgt, wenn der eifrig Recherchierende stundenlang vor seinen Freunden im Affenhaus Grimassen schnitt oder unmotiviert loslachte, um die erwünschten Reaktionen zu erreichen.

Mit seinen intensiven Studien beeindruckte er sogar den privilegierten wissenschaftlichen Leiter des Zoos, der längst als Professor mit adäquaten Veröffentlichungen brillierte. Dieser gute Mann verstieg sich zu der verrückten Idee, einem Schimpansen operativ mit Erweiterung des Kehlkopfes das Sprechen und Singen zu ermöglichen. »Wenn so ein naher Verwandter von uns lachen kann, so soll er auch sprechen und singen können. Wer weiß denn schon, was so ein wichtiger Primat uns alles aus seinem Leben erzählen könnte. Dazu sehe ich mich als fortschrittlicher Wissenschaftler verpflichtet. Wer einmal den berühmten Film *Planet der Affen* gesehen und verstanden hat, wird mir recht geben!«

Diese kühnen Äußerungen des Professors entzweiten jedoch den guten Maxi etwas mit dem inzwischen zum Freund gewordenen, hoch studierten Mann. Es dauerte lange, bis auch der gute Wissenschaftler begriff, dass es gerade das Privileg unserer lieben Verwandten ist, sich nicht verbal zu unserer Art des Unvermögens und unserer grassierenden Unterbelichtung zu äußern.

Eines besonders schönen Tages – der fleißige ehemalige Sonderschüler saß gerade auf der Panoramabank mit Blick auf die geliebten Affen und verzehrte seine vegane Brotzeit – nahm das Schicksal in Form einer eifrigen Biologiestudentin aus Herne seinen Lauf. Sie nahm neben ihm Platz. Versonnen beobachteten beide ihre munteren Verwandten.

Endlich unterbrach sie die meditative Stimmung: »Bist du nicht der Freund von unserem lieben Professor mit dem Affentick?«

Zunächst reagierte er abwehrend in fließendem Hochdeutsch: »Das ist doch einer der wenigen aufgeschlossenen Freunde und Förderer unserer Vorfahren und Nächsten. Vielleicht wären sämtliche Lebewesen weit glücklicher, wenn auf dieser Stufe der Entwicklung eine rechtzeitige Endstation in der bedenklichen Mutation der Gene eingetreten wäre!«

Sie war beeindruckt. Nachdenklich meinte sie: »Ich bin extra aus meiner Heimat im Ruhrgebiet hierhergekommen. Ich schreibe eine Doktorarbeit über die Artikulationsmöglichkeit von Menschenaffen und möchte in diesem Zusammenhang auch die bayerische Mentalität näher kennenlernen. Dazu suche ich noch einen kompetenten einheimischen Helfer, um dieses gewaltige Gebiet gründlich bearbeiten zu können.«

So kamen sich die beiden unter den wohlwollenden Blicken der Schimpansen näher. Vielleicht spürten die schlauen Menschenaffen unbewusst, dass sich hier entfernte Verwandte und Freunde auch, aber nicht nur, mit ihrer eigenen Entwicklung ernsthaft auseinandersetzen wollten.

Bald ließen die fundierten Studien im Haus der Affen und in deren Freigelände eine starke Artverwandtschaft in den beiden Studierenden aufflammen. Aber vor allem der Seniorgorilla, ein distinguierter Silberrücken, beäugte das sonderbare Paar vorläufig noch misstrauisch. Die Orang-Utans in ihren rotorange leuchtenden Fellen ließen ihrer Neugierde freien Lauf.

Die Studierenden wussten ja nun immer genauer, wo sie durch die Jahrmillionen herkamen. Und zwar nicht nur aus Herne und München. Da stellte sich natürlicherweise so nach und nach auch die brennende Frage, wo sie denn zusammen hinwollten. Und so musste es kommen, dass bald ein zunächst noch unbestimmtes Gefühl der Zuneigung, verbunden mit

Zielgleichheit, Raum griff. Als ihnen dann auch noch die nimmermüden Schimpansen ohne Scham und unbekümmert ihre Geheimnisse der Fortpflanzung offenbarten, da war es um die beiden geschehen. Sie trafen sich immer öfter, und zwar auch zu Studienzwecken der besonderen Art. Da befindet sich ja das menschliche Erbgut noch sehr nahe am überkommenen, natürlichen Verhalten.

Der Professor, beider Mentor, merkte bald, was in seinen Schülern so vorging, wenngleich auch er selbst verstohlen ein Auge auf die hübsche Studentin geworfen hatte. Als väterliche Figur trat er jedoch entsagend und hilfsbereit in den Hintergrund und ließ seinen Gefühlen keinen freien Lauf. Und als die Zeit dafür reif war, da führte er die beiden behutsam in ihre zukünftige Gemeinsamkeit, indem er sich als Trauzeuge anbot. Wohlwollend überraschte er mit einer wunderbaren Genehmigung: »Ich habe durchgesetzt, dass eure Trauungszeremonie im Affenhaus stattfinden darf.«

Nun verstrichen nur noch wenige vorbereitende Wochen. Und schon war es so weit. Aus Herne traf ein aufgeschlossener Pastor zusammen mit einem katholischen, unbekümmerten, fortschrittlichen Priester aus München vor dem Haus der Affen feierlich ein. Die Hochzeitsgesellschaft bestand hauptsächlich aus den unmittelbaren Vorfahren und näheren Verwandten des jungen Paares.

Unter den überraschenden Klängen des fröhlichen Schlagers *Mein Gorilla hat 'ne Villa im Zoo* von dem berühmten Komponisten Walter Jurmann und von 1933 zog die illustre Hochzeitsgesellschaft im

Domizil unserer entfernteren Vorfahren ein. Die Vertreter unterschiedlicher Glaubensauffassungen segneten das Paar gemeinsam mit und ohne Weihwasserpinsel und bezeugten das froh hervorgesprudelte Jawort. Die Ringe wurden feierlich angesteckt. Und aller Augen richteten sich auf den betagten Gorilla mit seinem Silberrücken.

Er zeigte sich weit weniger misstrauisch als sonst, ja er gab einwandfrei Laute von sich, die nur als wohlwollende Lachsalve zu deuten waren.

Der Griff nach den Sternen

Eigentlich hätte er sich gegen seinen aufgezwungenen Werdegang wehren müssen. So war er aber in eine Laufbahn hineingeschlittert, die seinen Vorstellungen von sinnvoller außerirdischer Suche und astronomischer Tätigkeit überhaupt nicht entsprach. Eine unangenehme Zwickmühle hatte sich beruflich für ihn aufgetan. Dinge wie der Urknall oder die unheimlichen schwarzen Löcher im Weltenraum ließen ihn aber trotzdem niemals mehr los. Dass zum Beispiel lediglich ein starker, geheimnisvoller Magnetismus es verhindern soll, dass sämtliche Dinge einschließlich ihm selbst in die Unendlichkeit hinausfliegen, gab ihm immer wieder ein schwer lösbares Rätsel auf.

Bald schon verbiss er sich in Probleme, die selbst namhafte Wissenschaftler bis heute vergeblich zu ergründen versuchen. Damit streifte er sogar die berühmte Relativitätstheorie eines gewissen Mannes namens Albert Einstein. Er wollte nachdrücklich beweisen, dass die Zeit einfach deshalb so unwiederbringlich vergeht, weil wir dermaßen schnell durch den Weltraum sausen, dass man es fast nicht glauben kann. Zu allem Überfluss dreht sich die gute Erde auch noch mit einer Affengeschwindigkeit um sich selbst. Da kann doch überhaupt nichts mehr so bleiben, wie es gerade noch war. Also auch nicht die momentane Uhrzeit. Sie muss weitergehen, immer, ewig, und dabei wird man älter, ob man will oder nicht.

Das merkte er am eigenen Leibe. Denn schon waren die Weichen für ein großes Stück seiner Zukunft ganz anders gestellt, als es seinen Ambitionen entsprach.

Seine Eltern, bodenständige Urbayern mit germanischem Einschlag, zeigten sich damals recht froh darüber, dass er als Bankerlehrling in einem namhaften, wenn auch zeitweise von einem zwielichtigen Ruf verfolgten Unternehmen unterkommen konnte. Allein der glorreiche Name klang dem guten Vater wie reine, nationalträchtige Lauterkeit. Es war keine geringere unter den gewaltigen Geldzentralen als die »Deutsche Bank«! Er selbst hatte sein Vermögen in Aktien und Derivaten dort untergebracht. Noch wusste er nicht, dass auch in diesem namhaften Geldbunker Verluste um sich greifen könnten.

Jedoch eine Distanz zu den versteckten Gedankengängen des lieben Sohnes blieb trotz aller elterlicher Fürsorge bestehen. So ist das Schicksal oft in seinem Lauf ungerechter, als es mit etwas Glück auch sein könnte. »Wastl«, sagte sein Vater im Brustton der Überzeugung zu ihm, »später wirst du einmal froh sein, dass du einen sicheren Beruf in dieser namhaften

Institution ergreifen konntest. Meine guten Beziehungen haben sich wieder einmal bewährt. Sparsam warst du ja immer schon, und der Umgang mit dem Geld in Verbindung mit deiner Schlauheit und Intelligenz schaffen die besten Voraussetzungen für die Laufbahn bis zum Bankdirektor. Freilich hast du dich hinterher immer etwas geschämt, wenn du beim Kartenspielen wieder einmal gemogelt hattest. Aber das gerade bringt dich doch in diesem Beruf hundertprozentig weiter. Du wirst schon sehen! Da hast du ein wichtiges Ziel vor Augen! Verliere es niemals! Deine Träumereien von fernen Planeten, Astronautik, Kometen und diesem ganzen abgelegenen Zeug kannst du ja trotzdem nebenbei weiterverfolgen. Das haut dir nicht so leicht ab. Bleib auf unserem sicheren Boden der Tatsachen haften!«

Aber weder am Kundenschalter noch später als Darlehensberater fand er eine Erfüllung in dieser eigenartigen Berufssparte. Oft stand er zwar leibhaftig und persönlich am Wertpapiertresen, aber die berechtigten, vielleicht auch geldgierigen Fragen und Anliegen der Bankkunden prallten an ihm ab wie nichts. Diese Welt war nur zum Teil von seiner Welt. Er wurde durch und durch ein sogenannter Tagträumer.

Immer wieder vernahm er die Stimme seiner geliebten, allzu früh verschiedenen, gütigen Mutter: »Du brauchst nur zu den Sternen aufschauen …« So oft hatte sie ihm aus dem Lieblingsbuch seiner Kindheit, *Der kleine Prinz* von Antoine de Saint-Exupéry, vorgelesen. Interplanetarische Reisen, Miniplaneten mit liliputmäßigen Himmelskörpern und Vulkanen beflügelten seine Fantasie bis heute. Auch der weise Weichensteller aus dem Buch traf beinahe den Kern seiner Persönlichkeit: »Menschen sind ziellos unterwegs!«

Das war aber bei ihm nicht überzeugend stimmig, denn die heimlichen Ziele zeigten sich hier zwar als nicht ganz konkret, aber unumstößlich vorhanden. Selbst sein Glas Frühstücksmilch stellte sofort die Assoziation zur fernen Milchstraße her. Und es verging kein Fasching, in dem er nicht als täuschend echt kostümierter Astronaut und Weltraumforscher mit bleiplattenbewehrten Riesenstiefeln umhergetappt wäre.

Zurück zur Deutschen Bank: Zu seinem Glück rettete ihn dann aus solchen außerirdischen, stellaren Situationen eine aufgeweckte Auszubildende namens Sieglinde. Diese hatte man ihm zur Erlernung von Bankgeschäften am Schalter beigesellt, denn dass er eine eklatante Fehlbesetzung darstellte, auch als Ausbilder, war noch nicht bis zu den vorgesetzten Managern durchgedrungen. Aus Versehen und in geistiger Abwesenheit hatte er nämlich einmal zum Wohle der Bank eine glückliche Geldmanipulation vorgenommen. Das wurde ihm hoch angerechnet.

Sieglinde spürte sehr wohl trotzdem alsbald, dass dieser einfühlsame Mensch im kühlen Bankgeschäft eigentlich recht fehl am Platze war und ihre bescheidene Hilfe für ihn immer dringlicher wurde. Vielleicht wäre er ohne sie und ihre tatkräftige Unterstützung allmählich sogar als bankuntauglich aufgeflogen. In der einen oder in der anderen stillen Minute brachte sie ihn manchmal sogar dazu, ihr sein umfangreich fantasiebestücktes Herz zu öffnen. Zumindest teilweise. Immer wenn er einem guten Kunden in seiner geistiger Abwesenheit und Inkompetenz eine Fehlinvestition andrehen wollte, schritt sie rechtzeitig und diskret ein.

So kam sie bald, wenn auch zunächst nur bruchstückhaft, dahinter, was in diesem sensiblen, nicht so recht bodenständigen bayerischen Mann alles vor sich ging. Er selbst erzählte ihr immer wieder mit wachsendem Eifer davon.

Seit er, ziemlich früher, als Heranwachsender, einmal ein Fernrohr zum Geburtstag erhalten hatte, war sein heimliches Hobby und Fachgebiet dauerhaft abgesteckt. Die Astronomie konnte wieder einmal einen eifrigen Adepten und Hobbyforscher verbuchen. Sein Vater erwarb das historische Stück auf der Auer Dult, dem bekannten Münchener Flohmarkt. Mit hervorragenden, gut geschliffenen Linsen bestückt, war damit die Sicht sowohl in die ausgedehnte Milchstraße als auch auf näher liegende Himmelskörper viel weiter herangerückt. Nächtelang starrte Wastl hinaus in den Weltenraum, wo sich die Sterne und sogar ganze Sternhaufen in der Unendlichkeit auf beinahe ewig unwiederbringlich verlieren.

Zunächst hatte er sich auf unseren guten Mond konzentriert. Nicht zuletzt auch, weil seine liebe Mutter oft das wunderbare Lied vom guten Mond gesungen hatte, der so stille geht. Aber der war ja nun wirklich recht nahe liegend und bereits sogar von unserer menschlichen Spezies in Form von neugierigen Amerikanern locker und beinahe problemlos betreten worden. Dass es ein großer Schritt für die

Menschheit gewesen sein soll, kam ihm doch etwas übertrieben vor, wenn man bedenkt, wie umfangreich sich der Weltraum ausdehnt. Auch wenn man überhaupt noch nicht genau weiß, wohin eigentlich. Viel wichtiger wäre es doch, in der Nähe einen passablen Planeten zu finden, der dem unseren ähnlich ist. Vielleicht kurvt einer in annehmbarer Entfernung durch das All und wurde nur noch nicht entdeckt, weil er sich in einem umfangreichen Andromedanebel versteckt hält. Wo soll man denn hin, wenn einmal alles kaputt ist und die radioaktiven Lager undicht geworden sind?

Mit solchen schweren Gedankengängen flüchtete er oft in eine Umgebung, die seine Aufwallungen zu beruhigen imstande war. Das Planetarium im berühmten Deutschen Museum in München wurde dadurch fast seine zweite Heimat. In jeder freien Minute zog es ihn dorthin.

Nicht allzu lange, und schon hatte das auch die hübsche Sieglinde herausgefunden. Sie war zwar eher in der Astrologie als in der Astronomie bewandert. Doch genau dadurch fand sie heraus, dass sich ihr Sternzeichen und ihr Aszendent mit demjenigen vom Wastl total superharmonisch verhalten würden. Wie zufällig fühlte sie sich noch dazu aus einem ihr zunächst unerklärlichen Drang von dieser einmaligen Ansammlung historischer, technisch faszinierender Sachen und dem Planetarium angezogen.

In Wirklichkeit – und das fand sie zur ihrer eigenen Verblüffung allmählich heraus – war die Ursache eine völlig andere. Sie merkte überrascht: Sie war über Hals und über Kopf verliebt, und zwar in den sympathischen Spinner mit dem Planeten- und Universum-Tick, den Wastl!

Eines schönen Tages saß sie plötzlich im Planetarium neben ihm. Ein starker, geheimnisvoller Magnetismus hatte seine Wirkung erzielt. Denn in ihr flammte das unbändige Gefühl auf: »Jetzt bin ich, hoffentlich, endlich einmal ganz nahe an eine ausbaufähige Zweierbeziehung herangekommen. Auch wenn er, der Wastl, es noch nicht so recht weiß.«

Das abgedunkelte Planetarium gab zur Vorführung nur die angestrahlten, nicht ganz maßstabgetreuen, näher verstreuten Himmelskörper mit ihren Umlaufbahnen glänzend preis. In der unwirklichen, heimeligen Stimmung unseres großartig vorgetäuschten Universum überkam die Sieglinde eine wunderbare Entspannung und Unternehmungslust. Die sonore Stimme des astronomisch versierten Kommentators erklärte ruhig, fast beschwörend, wie doch dieses ganze Durcheinander da draußen am Nachthimmel so vor sich hin wuselt. Und zwar bisher weitgehend ohne dass, zumindest in letzter Zeit, größere Kollisionen mit Asteroiden oder gar Kometen aufgetreten waren. Auch die Gefahr, dass uns eine unkalkulierbare Invasion mit grünen, kleinen Leuten vom Mars bedrängen könnte, ist ja längst nachweislich aus der Welt geschafft. Da konnte man, hoffentlich noch lange, grundsätzlich unbesorgt sein. So schnell entwickelt sich dort wohl nichts Kriegerisches wie bei uns.

Aber die sogenannten Sternschnuppen sind ja nicht ganz ungefährlich. Im Selbstgespräch bemerkte der Wastl: »Wenn man sich bei ihrem Anblick schon etwas wünschen darf, dann bitte doch nur, dass sie nicht zu groß ausfallen. Aber vielleicht erreicht uns endlich, endlich eine erbauliche Botschaft von einem befreundeten Planeten mit Leuten darauf, die uns kennenlernen wollen und uns wohlgesinnt sind?«

Langsam, fast wie im Zeitlupentempo, suchte Sieglindes rechte Hand die seine. Und zwar in diesem Falle die Linke. Dann packte sie aber schnell und liebevoll zu. Und das Interessante dabei war auf alle Fälle, dass er schon länger darauf gewartet hatte. Erleichtert und wirklich viel zu laut in die andächtige Stille und in das Planetengeflimmer hinein gestand er: »Endlich! Ich dachte schon, dass das mit uns nie etwas wird oder ich selber die Initiative ergreifen sollte und um deine Hand anhalten müsste.«

Der astronomisch und auch sonst versierte Kommentator hatte die Situation sofort erfasst. Mit seiner sonoren, angenehm klingenden Stimme verkündete er wohlwollend: »Unsere Erde ist doch immer wieder der beste Platz für Liebende!« Mit länger anhaltendem Beifall und einem *happy ending* verebbte die Vorführung. Musik brandete auf. Diese war von Richard Strauss und gewaltig: *Also sprach Zarathustra.*

Der Wastl aber wurde noch etwas ernster als sonst üblich. Er dachte an seine Mutter und an den kleinen Prinzen im Vorlesebuch seiner Kindheit: »Man ist verantwortlich für das, was man sich vertraut gemacht hat.«

Welcome in Bayern

Der Franz staunte nicht schlecht, als er sich umdrehte und sah, wie eine sportliche junge Frau plötzlich im Eiltempo um die Kurve herabsauste. Es war auf dem steilen Forstweg unterhalb der Spielalm. Sie schlitterte auf dem Bauch daher, bis sie endlich zum Stehen, nein, immer noch zum Liegen kam. Und dann rutschte ihr Mountainbike knapp an ihr vorbei und krachte den Steilhang zum Wildbach hinunter. Verblüfft und geschockt rief sie: *»What a horror!«*

Glücklicherweise hatte sie Handschuhe an. Aber trotzdem schien sie etwas lädiert zu sein. Die stramme Outdoorhose war über den Knien leicht zerfetzt, und auch an der Schulter fehlte ein Stück Stoff vom schicken Gore-Tex-Blouson.

Der Franz besann sich auf seine untrainierten Englischkenntnisse und rief überrascht: *»Welcome in Oberbayern, welcome in the mountain slope!«*

Zornig rappelte sie sich hoch. Und dann erklärte sie in einwandfreiem Deutsch: »Da kommt man doch aus England zu den Verwandten, will im Urlaub die Berge näher kennenlernen, und dann so ein

Malheur!« Dabei war sie einfach nur viel zu schnell um die Kurve herabgedüst.

Sie setzte sich auf einen Felsbrocken, den sie soeben haarscharf mit dem Kopf gerade nicht mehr gerammt hatte.

Der Franz überlegte kaum allzu lange und kletterte den Hang hinunter. Nicht ganz problemlos gelang es ihm dann so nach und nach, das Mountainbike wieder auf den Weg heraufzubringen. Es war aber nur leicht verbogen, und zwar am Hinterrad.

»Da wirst du jetzt leider einen langsameren Gang zu Fuß einschalten müssen«, bemerkte er freundlich. Er packte seinen Erste-Hilfe-Koffer aus und verpflasterte ein paar Schürfwunden. Vorher durfte natürlich das Desinfizieren nicht fehlen. Sie jammerte aber nur ganz leise wegen des brennenden Schmerzes, teils englisch, teils deutsch: »*Goddam,* Scheiße!«

So schnell hatte der Franz, ein »Kind der Berge«, wie er sich spaßeshalber selbst immer bezeichnete, noch nie so eine hübsche, sportliche Frau kennengelernt. Er setzte sich zu ihr und beobachtete, wie sie sich allmählich von ihrem Glück im Unglück erholte. Er ließ ihr alle Zeit, die sie dazu brauchte.

Unter der Woche war er nicht gerade einsam. Er studierte schon ziemlich lange umher, zuletzt in München. Seinen Traum, Journalist zu werden, hatte er bereits etwas verwirklichen können. Mit viel Glück waren seine letzten Recherchen oder vielmehr gründlichen Beobachtungen von mehreren Zeitungen übernommen worden. So dachte er wieder einmal daran, sein neues Studium kurzerhand abzubrechen und seinen Traumberuf ernsthaft zu ergreifen.

Seine Abhandlungen über das Phänomen des aufrechten Ganges in Bezug zu unseren Vorfahren hatten auf Anhieb größeres Interesse geweckt. Noch dazu verstand er in lockerer Weise, ja sogar spannend, über ein bisher vernachlässigtes Thema zu berichten. Dabei konnte man kaum leichter an einen interessanten Stoff herankommen. Als Sohn des Hüttenwirtes setzte er sich, wenn er nicht gerade in der Gastronomie aushalf, einfach nur auf eine Bank in der Nähe. Sie befand sich unterhalb der steilen Kurve, welche die eilige junge Dame soeben genommen hatte.

Es kamen hier viele Leute vorbei, wenn auch nie so abrupt. Er beobachtete zunächst lediglich den unterschiedlichen Gang von Menschen. Manche schlenderten ausufernd, manche gingen einseitig, indem sie eine Schulter herabhängen ließen, andere wieder stolzierten aufrecht gravitätisch, als wollten sie fragen, was die Welt kostet. Man glaubte fast, sie hätten eine Bohnenstange verschluckt. Andere wippten in den Knien, als ob sie ein Trampolin prüfen wollten. Ganz abgesehen von den vielen, nicht immer älteren Zeitgenossen, die offensichtlich von Problemen mit den für Bergbesteigungen benötigten Gelenken geplagt wurden. Einige waren auch mit Stöcken bewaffnet, um ihre unteren Extremitäten von den Hüften über die Knie bis zu den Knöcheln etwas zu entlasten. Diese fragte er einfühlsam und dezent, ob sie wüssten, dass die häufigsten Operationseingriffe Hüften und Knie beträfen.

Er war nach und nach zu dem Schluss gekommen, dass die selbstsicherste Art der Fortbewegung ein gleichmäßiges Voranschreiten ist. Dabei heben und senken sich die Schulterpartien nur um wenige Zentimeter. Im Gegensatz dazu scheinen eine lebhafte Hand- und Armgestik im Verbund mit eindringlich sonorer Stimme auf eine Begleiterin starken Eindruck zu machen. Dieser Kategorie ordnete er sich selbst zu.

In seinem zweiten, wichtigen Schritt holte er die soeben Vorbeigegangenen wieder ein und versuchte in einem Kurzinterview etwas Grundsätzliches über die Persönlichkeit der unterschiedlichsten Kandidaten herauszuhören. Dabei stellte er harmlose Fragen wie: »Haben Sie den Gipfel bezwungen?«, »Sind Sie oft im Gebirge unterwegs?«, »Sind Sie Einzelgänger oder gar Naturbursche?« Sehr oft konnte er gleich ein Pärchen befragen, wobei da häufig lediglich die weibliche Person Auskünfte aller Art erteilte, während der Begleiter nur stumm und ergriffen nickte.

Mit seiner frischen, freundlich-unaufdringlichen Art war er zu überzeugenden Schlussfolgerungen gekommen, die auch einige namhafte Zeitungen aufhorchen ließen.

Und diese seine Ambitionen sowie die beruflichen Aspekte dazu teilte er nun der immer noch etwas verdattert auf dem Felsbrocken sitzenden Montainbikerin mit.

Dabei konnte er es sich nicht verkneifen zu bemerken: »Deine extrem schnelle und neue Art der Fortbewegung bergab bringt jedoch einen völlig neuen Blickwinkel in meine Recherchen. Wenn du nicht so geschockt wärst, würde ich dich gleich noch interviewen. Aber das können wir locker unten nachholen. Ich weiß da ein schnuckeliges kleines Café. Da bekommst du die größten und feinsten Tortenstücke von der ganzen Welt!«

Unbewusst hatte er damit sozusagen ins Schwarze getroffen. Die hübsche Maid hatte sich wieder gefangen und meinte begeistert: »Hoffentlich haben die auch Prinzregententorte. Die liebe ich am meisten.«

Und so kam es, dass die beiden am Ende ihrer Odyssee im schwindenden Licht des milden Herbstnachmittages tortengenießend und entspannt im romantischen Obstgarten saßen und einen Espresso schlürften. Die Schatten waren länger geworden, genau wie die gegenseitige Neugierde, wie sie treffend und auf Englisch formulierte: *»our curiosity to each other«*. Dabei war sie ja nur für einige Jahre Wahl-Engländerin. Im Gespräch stellte sich heraus, dass sie auf Urlaub von London in die Alpen gekommen war: »Weißt du, mein Vater ist noch bis zum Monatsende Leiter des dortigen Goethe-Institutes, und ich nehme gerade meinen Restjahresurlaub. Ich bin als Bürokraft dort tätig. Nächstens ziehen wir wieder nach München. Mein Vater ist dann in Pension, und ich suche mir eine neue Tätigkeit.«

Es war kein allzu weiter Weg mehr bis zur Vereinbarung eines baldiges Treffens zwecks noch besseren Kennenlernens auf der Spielalm. Und der Franz versprach hoch und heilig, seine neue Errungenschaft und Moutainbikerin umgehend seinem lieben Vater vorzustellen. »Der war früher Konditor, und ich werde ihm rechtzeitig verklickern, dass er für dich eine riesengroße Prinzregententorte backen muss.«

Leitkultur, runderneuert

Eine Völkerwanderung war immer schon gleich im Gange, wenn es anderswo brenzlig losging. Quer durch die Zeitläufe wurden Menschen bei allen Gelegenheiten in die Flucht geschlagen. Das kommt selbst heute sehr oft, wenn auch meistens ziemlich überraschend daher.

Daher kennt man nur noch selten die Ursprünge der meisten Mischvölker. Das Reinheitsgebot wird zwar in Bayern sehr hochgehalten. Jedoch die Leute, die sich gerne als Einheimische bezeichnen, haben unter anderem recht zwielichtige Vorfahren. Seien es restliche, grimmige Kelten, die sich irgendwann festgesetzt hatten und um keinen Preis aussterben wollten, seien es germanische Wilde wie die Vandalen, die ungefragt eindrangen und ohne Verwüstungen nicht abziehen wollten, sondern vereinzelt sogar dageblieben sind. Alle haben in der idyllischen Gegend schnell ein heimatliches Gefühl entwickelt.

Es erschienen auch Römer, einige waren später zu faul oder fußkrank, um wieder nach Rom zurückzuwandern. Nicht zu vergessen ein paar Ungarn und mohammedanisch verirrte Türken. Ob Ost- oder Westgoten, ob Ostpreußen oder Westhunnen, Balkanesen, Südinsulaner und Nordgermanen, aus allen Himmelsrichtungen und überallhin verstreuen sich sowohl der Herr als auch die Frau der Schöpfung, wenn auch oft unfreiwillig, in der ganzen Welt.

Und schon steigt die Angst vor Überfremdung allenthalben und überall ins Unermessliche. Auch wenn die Ansässigen und besten Bekannten vielleicht selber noch kürzlich Fremde waren und auf der Flucht dazu.

Doch am bayerischen Reinheitsgebot wird traditionell festgehalten. So bleibt zumindest das Bier glücklich und ohne fremde Einflüsse. Am Gewohnheitsrecht beißen sich bisher auswärtige Brauereien mit ihren undefinierbaren Mixturen immer noch die Zähne aus.

Daher hat der traditionelle bayerische Stammtisch im Gasthaus »Zum Wurst-Xari« teilweise vollkommen recht. Wer einmal die schlagenden Argumente vom Wortführer, dem Xari, richtig verstanden hat, der ist ab sofort politisch *up to date:* »Wenn der Herr Ausländer bei uns hereinwill, dann muaß er erst amal eine bayerische Leitkultur lerna! Mir san zwar offen für alles, aber nicht für jeden. Der Tschador und die Burka zum Beispiel oder solche Sachen sind hier überhaupt net willkommen. Wofür hat man denn ein ehrliches Angesicht, ha? Diese Sufi oder diese herumtanzenden, heulenden Derwische sollen sich ja net bei uns derwischen lassen.«

Er, der Xari, war bezüglich dieser Materie insofern nicht ungebildet, als er unter anderem die betreffenden Karl-May-Bände *Von Bagdad nach Stambul* und *Im Lande des Mahdi* bereits als Kind verschlungen und inhaliert hatte. Kara Ben Nemsi alias Karl May selbst erlebte schon damals seine Kalamitäten mit diesen Burschen. Dadurch kannte der Xari sich mit den heulenden und tanzenden Derwischen bestens aus und konnte sie bis zum heutigen Tag nicht besonders gut leiden.

Auch ihre gut versteckten weiblichen Wesen brachten ihn sofort auf, und sei es nur deren Kopftuch oder ein wallender dunkler Umhang: »Da ist doch überhaupt keinerlei Gleichberechtigung vorhanden!«

Seine Schwester meinte dazu nur lakonisch: »So lange ist das bei uns auch noch nicht her, dass der Mann das Sagen hatte, wenn es darauf ankam. Und unsere Mutter war doch gerne Kopftuchträgerin.«

Der Xari ist fleißig, von untersetzter Figur und als Zimmerermeister ein bodenständiger Handwerker. Sein Großvater war vor dem Zweiten Weltkrieg erst Böttcher. Später, als er nach Bayern kam, wandelte er sich zum ehemaligen Gutsbesitzer aus Ostpreußen, genauer aus Masuren. Er verbreitete mit stolzgeschwellter Brust häufig: »Meine Vorfahren sind allesamt Obermeister vom Deutschen Ritterorden gewesen und auf der Marienburg aufgewachsen.«

Als Ehefrau erkor er sich in jüngeren Jahren eine rassige vormalige Polin. Dass sie aber von Kasimir I., dem großen, frühen Herzog von Polen, abstammen sollte, konnte er nie schlüssig beweisen. Der Vater vom Xari wurde während unangenehmer Kriegswirren auf der Flucht geboren. Seine Sippschaft zeigte sich da von Bayern noch etwas weiter entfernt, sowohl mit geringem Sack und Pack als auch ziemlich flüchtig. Auf der Kurischen Nehrung wäre er beinahe erfroren.

»Da lernt man seine Lektionen von der Unberechenbarkeit des Lebens«, verkündete der Enkel aus undeutlicher, nebliger, früher, auswärtiger Überlieferung und Erwähnung. Er selbst kam bereits als echter Bayer auf diese unsere weiß-blaue Welt. Da muss er doch aus Erzählungen wirklich wissen, was Sache ist mit diesem ganzen Flüchtlingswesen.

Neuerdings sind neben der Gastwirtschaft, in einem schon lange leer stehenden Anwesen, einige Leute aus Eritrea einquartiert worden. Sie waren Teilnehmer an einer Odyssee über das Mittelmeer. Leider konnten nicht alle mit dem brüchigen Schlauchkahn einen rettenden Hafen am europäischen Festland erreichen. Vielleicht sind sie deshalb noch etwas schüchtern und durcheinander. Aber die fünf Kinder wurden von sogenannten Gutmenschen, wie der Schwester vom Xari, bereits umgehend in den Kindergarten eingeführt. Die Gören sollen sogar schon ein paar Brocken Bairisch gelernt haben.

Die Schwester vom Xari weiß es auch zu schätzen, dass ihr Bruder im Grunde ein guter Kerl ist, selbst wenn noch einige Rudimente konservativ-üblicher Erziehung durchschimmern. Sie meint beschwichtigend: »Den Sturschädel hat er vom ostpreußischen Großvater geerbt, aber unsere Mutter war immer schon tolerant und großzügig.«

Ihr Bruder schränkt da seine Zugeständnisse in puncto Kulturkreis sofort weiter ein, wegen noch fremdartigerer Dinge: »Und einen Islam mag ich überhaupt nicht.« Das sagt er immer gleich vorbeugend, wenn auch nicht ganz überzeugend. Der Karl May hat seine Schuldigkeit getan.

Allerdings wurde er, der Xari und nicht der Karl May, neulich ganz schön wütend. Als man nämlich herausfand, dass gerade der Dümmste aus der Gemeinde, auch als Dorfdepp bezeichnet, eine böse Sache angekündigt hatte: »Des Haus ghört ja anzündt!«

Die Schwester erscheint auch öfter am Stammtisch, um manche Sachen vielleicht anders darzustellen. »Weil wir sonst eventuell in das siebzehnte Jahrhundert zurückfallen könnten, mit den Türkenkriegen, den Kalamitäten mit dem Islam und so, und das soll ja nicht wieder von vorne losgehen«, meinte sie vorsichtig. »Ob der türkische Halbmond, der mohammedanische Krummsäbel oder der bayerische Löwe, dieses ganze Symbolzeug kannst du nur noch in der Pfeife rauchen!«

Und schon findet eine politisch hochkarätige, fast wissenschaftlich-tiefgründige Diskussion über Gott und die Welt und alle unterschiedlichen religionsschwangeren Auffassungen statt. Eine fundamentale Lektion nach der anderen greift nachhaltig um sich, wird aber auch widerlegt. Noch dazu ist bereits Märzenbierausschank.

Zu gar nicht so fortgeschrittener Stunde wird eines sonnenklar, auch wenn einige Gegenstimmen aufwallen: »Am bayerischen Wesen muss die übrige Welt genesen!« Da wird schon einmal vorsorglich die Verfassung richtig ausgelegt, oder die Menschenrechte werden endlich volkstümlich verarbeitet. Der

Dorflehrer und zugleich auch dominierende Parteivorsitzende: »Schließlich existieren die neuesten Umfragen aus guten Quellen, wonach neuerdings 68 Prozent von den bayerischen Leuten Angst vor kultureller Entfremdung besitzen. Und sogar 83 Prozent sagen, dass eine ›bayerisch-christliche Leitkultur‹ grundlegend ausgearbeitet werden muss.«

Die Schwester vom Xari: »Ich kann mir gut vorstellen, wie ein neues bayerisches Integrationsgesetz bei euch ausschauen soll. Ein Zuwanderer muss zur Einführung und als Aufnahmeprüfung in seine neue Heimat mindestens fünf Maß Bier, eine mittelgroße Schweinshaxe und ein Pfund Leberkäse verzehren. Ein weiterer Prüfstein ist die Beteiligung an einer fußmäßigen Wallfahrt nach Altötting oder Tuntenhausen sowie eine sinnvolle Parteizugehörigkeit. Weitgehend geläutert darf er dann mit etwas Glück und brauchbarer Stimme Mitglied vom Männergesangverein werden. Einzelne fortschrittliche Trachtenvereine erlauben sogar Leuten mit dunklerer Hautfarbe einen Plattlerkursus an der Volkshochschule. Dann bekommen die das Einheimischenzertifikat, dürfen bei euch am Stammtisch sitzen und dumm daherreden.«

Schweigsam ist darauf der gesamte Stammtisch in grüblerisches Nachdenken und heimlichen Widerstand gehüllt. Dem Xari seiner Schwester widerspricht man ungern, hat sie doch so etwas Schlagfertiges an sich, dessen man schlecht Herr wird.

Unglaublicherweise wendete sich das Blatt nicht nur völlig, sondern hatte plötzlich sogar ganz andere Seiten. Als Zimmerermeister stellte sich nämlich überraschend der Xari freiwillig zur Verfügung, um das alte Gebäude nebenan einigermaßen wohnlich aufzufrischen. Vielleicht wollte er damit auch eine traurige Tatsache verarbeiten: Seiner längerjährigen Freundin war plötzlich nach einem neuen, stärker aufregenden Gefährten zumute geworden.

Auch mehrere handwerklich begabte Stammtischler schlossen sich erstaunlicherweise und sogar gerne der guten Sache an, wie sie selber nach und nach feststellten. Sie waren zunächst neugierig dem Aufruf seitens Xaris Schwester und anderer Gutmenschen gefolgt. Dabei blieb es nicht aus, dass besonders die rassige Miriam von den Burschen mit wohlwollenden Blicken besichtigt wurde. Es entstand sogar zeitweise eine ungute Eifersucht vonseiten einiger einheimischer Freundinnen. Diese legte sich aber schnell wieder, bedingt durch die natürliche, unverdorbene Art der Asylbewerberin. Vielleicht spielte auch etwas Mitleid angesichts der Situation der jungen Frau mit, hatte sie doch in ihrer Heimat in den Terrorwirren und bösartigen Auseinandersetzungen ihren nicht lange angetrauten Mann verloren. Und einige Verwandte hatten die Überfahrt im löcherigen Boot nicht überstanden.

Plötzlich war der Xari in jeder freien Minute als hilfsbereiter Samariter an der zweckmäßigen Einrichtung des Domizils interessiert und eifrig beteiligt. Das geschah nicht ganz ohne weitere Absichten. Die Miriam und ihr kleiner, vierjähriger Binjam wurden besonders bevorzugt, indem der Xari immer einen Schokoriegel oder einen Krapfen dabeihatte. Er staunte auch nicht schlecht, wie schnell doch ein sprachlicher Fortschritt in puncto Deutsch, ja sogar Bairisch, ersichtlich wurde. Besonders der Bub trug zur allgemeinen Erheiterung bei, wenn er in verdrehtem Dialekt wieder ein kurioses Wort auftischte und dann mit offenem Mund auf Anerkennung wartete.

Der Xari, der Einheimische, war da früher eher behäbiger gewesen. Er war etwas länger auf einer Klassenstufe zurückgeblieben, um gründlich auf das Alphabet, das kleine Einmaleins oder gar das große und solche unbekannten Dinge einzugehen. Die Schule war damals nicht gerade sein Lieblingsaufenthalt.

Kokett und als eine echte Augenweide für Junggesellen, aber auch herzlich und offen, verstand es die schlanke Miriam sehr wohl, bei dem hilfsbereiten Bajuwaren allmählich bleibende Eindrücke und Wünsche zu erzeugen. Eines schönen Abends und Stammtisches verkündete dann der Xari unverhohlen, laut und deutlich die große Neuigkeit (die aber schon länger in den Augen des ganzen Dorfes keine mehr war): »Ja, da werde ich wohl bald als Stiefvater eine wichtige Aufgabe übernehmen.«

Und der mandeläugige, dunkelhaarige Binjam plapperte bald, ja ziemlich kurz darauf, während der feierlichen Hochzeitszeremonie sowohl als auch auf neugierige Fragen: » Mei Papaxari, mei Papaxari!«

Das hörte sich zwar ziemlich fremdartig an, war es aber nicht mehr. Und zum glücklichen, bayerisch-exotischen Überleben waren somit die allerbesten Voraussetzungen entstanden.

Völkerverständigung

»Ich glaubte bis vor Kurzem, den Richtigen gefunden zu haben. Schon nach wenigen Monaten habe ich ihn geheiratet. Meine Eltern haben mich aber damals sehr gewarnt. Sie sprachen davon, dass die Bayern ein kleines, diebisches, hinterlistiges Bergvolk am Rande der Alpen seien.«

Wenn man verliebt ist, hängt ja der Himmel voller Geigen. Aber nun fürchtete die Jungverheiratete aus Castrop-Rauxel manchmal, einem oberbayerischen Heiratsschwindler aufgesessen zu sein. Jedenfalls verhielt er sich hin und wieder recht eigenartig.

Anfangs hatte er alles bezahlt, Blumen massenhaft angeschleppt und, wie man so sagt: Er trug die hübsche Norddeutsche auf seinen starken, urwüchsigen Armen.

Aber wohin? In eine Katastrophe?

Er war so großzügig, doch leider auch verschlossen. Er wirkte so bodenständig in seiner heimatlichen Tracht. Vielleicht hätte sie Verdacht schöpfen können, als er wegen angeblicher finanzieller Manipulationen und dubioser Geschäfte aus der Gebirgsschützenkompanie ausgeschlossen wurde.

Vorher durfte sie stolz mitmarschieren, in den Festaufmärschen, mit Blasmusik- und Trommelbegleitung, als Marketenderin. Ja, sie hat auch eine Ausrüstung mit Dirndlgewand und Wadlstrümpfen. Die verehrte er ihr zum Geburtstag mit der Bemerkung: »Jetzt wirst du fast eine richtige Eingeborene!« Sogar der Bayerische Ministerpräsident als Schirmherr in vollem Ornat und mit umgehängtem Vorderladergewehr hatte sie jovial begrüßt. Und auch der Erzbischof in seinem langen, golddurchwirkten Brokatkleid, wenn auch mit kurzer Körperhöhe, winkte ihr huldvoll zu.

»Ich kam mir schon vor wie eine echte Bayerin. Ich war so glücklich. Als er dann aber mit den ersten Rechnungen für seine Zahnimplantate und das Gebiss anrückte, wurde ich noch lange nicht gleich skeptisch. Es handelte sich um keine Bagatellbeträge. Damals lief er monatelang mit wenig Zähnen umher. Was ich nicht wusste: Er war vor meiner Zeit öfter in Wirtshaus-Raufhändel verwickelt.«

Undeutlich nuschelnd, erklärte er ihr: »I bin momentan in an finanziellen Engpass nei'grutscht, weil die Auszahlung vom Erbe von der Tante in Amerika no a bissl dauert und der Chines aa no net überwiesen hat.«

»Ohne zu zögern und eventuell naiv, gutgläubig, wie ich nun einmal bin, habe ich die Rechnungen sofort beglichen. ›Ich wusste gar nicht, dass du auch in Amerika Verwandte hast?‹ Das mit dem Erbe von der Tante hat sich aber leider auch immer weiter hinausgezogen. Teilnahmsvoll unterstützte ich ihn herzlich in seiner prekären Lage.«

Plötzlich stand nun dieses nagelneue Sportcabriolet vor der Haustüre. Ein Bote vom Prominentenautohaus hatte es gebracht und höflich Gute Fahrt gewünscht. Er selbst, ihr lieber Mann, war schon länger unterwegs. Angeblich geschäftlich. Was er genau machte, wusste sie bis vor Kurzem immer noch nicht. Da hielt er sich immer bedeckt und wich aus. Er sprach auch von Überraschungen, sie solle nur abwarten, »... dann wirst du ordentlich staunen«.

Seine geschäftlichen Verbindungen reichten anscheinend bis weit in die Welt hinaus. Neulich rief doch tatsächlich ein offensichtlicher Chinese an. Wenigstens hat es sich für sie so angehört. Sie verstand nur ›Ledelhosn‹.

Unruhig im Bett und fast ohne gerechten Schlaf wälzte sie sich dem Morgen entgegen. Da hörte sie die Wohnungstüre aufgehen. Und schon stand der Ehegespons lachend vor ihr: »Eigentlich müsst i jetz einen Juchzer rauslassn«, so seine Begrüßung nach längerer, von bangen Gefühlen begleiteter Abwesenheit. »Der Chines hat zahlt. 500 Lederhosen.«

Und endlich war auch die Nachricht eingetroffen, auf die er schon länger sehnsüchtig gewartet hatte: Die Tante aus Bakersfield in Kalifornien hinterließ ihm ein erkleckliches Sümmchen sowie ein paar schöne Immobilien in der Nähe von Hollywood. In den Staaten war sie als unerschrockene Stuntfrau für frühere Thriller-und Abenteuerfilme sehr gefragt gewesen.

Was sie, die liebe Ehefrau aus Castrop-Rauxel, nicht wissen konnte: In Peking gibt es nicht nur ein zünftiges bayerisches Hofbräuhaus, sondern auch einen bayerischen Fanclub, der immer wieder einmal zum Oktoberfest nach München anreist. Und dort war die Delegation aus Peking zwecks Starkbierverköstigung auch dieses Mal eingetroffen. Ihr geschäftstüchtiger bajuwarischer Angetrauter überredete die Leute nach reichlich Märzen – so heißt das süffige Gebräu – zu diesem einträglichen Geschäft. Der Vertrag wurde lediglich mit einem ehrlichen Handschlag besiegelt, wie das in Bayern auch heute noch manchmal der Brauch ist. Dabei war er sich lange nicht sicher, ob das in China überhaupt als rechtlich verbindend angesehen wird.

Doch die konservativen Gebirgsschützen zeigten sich anscheinend überhaupt nicht begeistert, dass in Peking eine konkurrierende Abteilung ihrer ehrwürdigen, seit dem Mittelalter bestehenden Vereinigung mit echt Tegernseer Trachtenlederhosen entstehen sollte.

Der erboste Hauptmann: »Vielleicht kannst du aa no an Posten Vorderlader noch China hinterschicken! Die kennen ja no net amal die ›Sendlinger Mordweihnacht‹, diese gelbsüchtigen Brüada!«

Der Patriot für das Bayerntum im Ausland ungerührt: »Die sollen sich net a so anstelln! Jeder is doch froh, wenn er in der Fremde a richtigs Hofbräuhaus und gstandne Manna mit Lederhosen findt!«

Er war schwer überzeugt von seinen völkerverbindenden Tätigkeiten. Und plötzlich schmunzelte er in reinstem Hochdeutsch: »Da ist man schon etwas nervös, wenn die Lederhosen in China sind und das Geld durch die ganze schwachsinnige Bürokratie ewig auf sich warten lässt! Wenn du Lust hast, gehen wir nach Amerika, nach Hollywood zu unseren neuen Immobilien, und leben dort in Saus und Braus bis an das Ende unserer Tage.«

Bereits nach Jahr und Tag verlebten ihre skeptischen Eltern besuchenderweise in Hollywood eine fröhliche Zeit in Sichtweite des berühmten Schriftzuges am Berghang. Und der schlaue Schwiegersohn hatte schon wieder neue Geschäfte abgeschlossen: »Diesmal ist der Posten ›Lederhosen‹ noch weit größer, den die bayerisch-amerikanische Gesellschaft bestellt hat. Und wir erwarten bald einen kleinen Trachtler!«

Der Autor

Wolfgang Schierlitz ist damals geboren und allmählich aufgewachsen. Es folgten Schriftsetzerlehre und Ausbildung zum »Schweizerdegen«. Danach Tätigkeit als Fahrkartendrucker bei der Deutschen Bundesbahn, Verlagshersteller, Typograf, Grafiker und Texter für internationale Firmen. Die Gründung einer eigenen Offizin folgte. Kürzlich erhielt er von der Handwerkskammer Ulm die Auszeichnung »Deutscher Meister«. Mehrere Seh-Mester und Studien auf Allgemeinplätzen und in Bierzelten. Nebenwirkungen: bisher zehn satirische Bücher, Kabarettist mit »H2-O2« und »Die mit den Wölfen heult« sowie Soloauftritte. Er ist Preisträger bei Radio Regenbogen mit dem Verband deutscher Schriftsteller (VS Bayern) – mit einer Sommergeschichte.

Im Rosenheimer Verlagshaus ist von ihm bereits *Wenn überhaupt, dann höchstens kaum* erschienen, eine Sammlung von skurrilen Geschichten, ebenso die etwas anderen Weihnachtsbücher *Pleiten, Pech und Tannen* sowie *O Pannenbaum!*

Von Wolfgang Schierlitz bereits erschienen

Wenn überhaupt, dann höchstens kaum

Das Leben bietet viele Tücken – die Kunst ist, darüber zu lachen. Wolfgang Schierlitz ist Meister dieser Kunst. Er greift Alltagsprobleme auf und verpackt sie in lustige, treffsichere und oft etwas bissige Geschichten. Wegen des vergessenen Handys begibt er sich auf die abenteuerliche Suche nach einem Münztelefon. Philosophisch wird er bei dem Gedanken an unsere immer älter werdende Gesellschaft. Bei der Lektüre so mancher Anekdote aus dem täglichen Leben wird sich der Leser denken: Genau so geht's mir auch!

Bibliografische Angaben:
Wolfgang Schierlitz
Wenn überhaupt, dann höchstens kaum
208 Seiten
ISBN 978-3-475-54221-3

Mehr Informationen zu unserem Verlagsprogramm finden Sie unter www.rosenheimer.com